리더라는 브랜드

리더를
최고 브랜드로 만들
비밀 전략

리더라는 브랜드

허은아 지음

21세기북스

브랜드가 된 리더와 그냥 리더

20여 년 비즈니스를 하며 참으로 많은 리더를 만났다. 대통령부터 국무총리, 검찰총장, 국회의장, 장차관 같은 정치인뿐 아니라 유수 기업의 사장, 임원들까지 족히 수천 명이다.

살펴보니 정치인이나 기업인이나 성공한 리더의 DNA는 비슷한 점이 많다. 특히 PI President Identity 관점에서 보면 자기만의 아이덴티티(자기 정체성)를 뚜렷이 가지고 있거나 형성하기 위해 노력한다는 점이다. 리더는 자신만의 아이덴티티 Brand Identity를 잘 구축하고 콘셉트를 잡아 타인에게 제대로 각인시킴으로써 훨씬 더 많은 일을 성공적으로 할 수 있고 더 큰 성과로 보상받기 때문이다. 이것이 바로 브랜드파워다.

여기서 말하는 브랜드는 리더의 이미지를 형성하고, 리더 자체로도 사회·문화적 중요성을 가지는 상징을 일컫는다. '브랜드 화'란 구별화, 차별화와 더불어 신뢰와 가치의 상징화 작업이다.

내 경험 치에 따르면 리더가 '브랜드화化'되어야 조직이 달라지고 회사가 산다. 예컨대 최고경영자의 이미지는 개인의 이미지로 끝나는 것이 아니라 대외적으로 해당 기업과 조직에 대한 사회적 평판을 좌우하고 주식 가치 등 조직에 대한 가치 평가에 큰 영향을 끼친다. 기업 내부적으로도 구성원이 조직에 대해 긍정적으로 인식하게 하고 충성심을 견인해낼 수 있다.

더 중요한 사실은 '브랜드가 된 리더'는 조직뿐 아니라 개인으로서도 100세 시대가 두렵지 않은 자신감이 보장된다는 점이다. '그냥 리더'가 되고 싶지 않은 모든 리더에게는 PI가 필수다.

나는 트럼프 대통령과의 만남이 터닝포인트가 되어 'PI'에 대한 연구 방향의 확신을 얻었다. PI 전문가이자 이미지전략가로서 10년 이상 주창해온 '리더 브랜드화'의 화룡점정이라 할 수 있다. PI 컨설팅은 리더의 브랜드를 구축해 리더(최고경영자)의 브랜드 이미지를 조직의 가치로 연계시키는 작업으로 총체적인 커뮤니케이션 활동까지 포함한다. 이 책에 수많은 리더를 직접 만나고 연구한 PI 이론과 사례를 녹여서 풀어놓았지만, 그중에서도 2015년 8월부터 심도 있게 분석한 '브랜드가 된 리더, 트럼프'의 성공 전략을 서술하는 데 많은 분량을 할애했다.

개인의 이미지를 브랜드로 만들어낸 리더는 '애플의 스티브 잡스' '마이크로소프트의 빌 게이츠' '투자의 귀재, 워런 버핏' '팝의 교황, 앤디 워홀' '윈스턴 처칠' 외에도 세계적인 명망가가 수없이 많다. 지금까지 언급한 사람들의 공통점은 자기 자신을 자연스럽게 스스럼없이 드러내는 것이 아니라 **자신이 지향하는 리더상을 귀결점으로 브랜드를 만들어냈다**는 것이다. 한마디로 개인의 강점과 장점을 극대화한 이미지 전략을 통해 자기 자신을 브랜드로 만든 리더들이다.

고인이 된 기업인 스티브 잡스는 '다르게 생각하라Think Different'라는 그의 철학을 담은 메시지와 '검은 터틀넥과 청바지'라는 그만의 고유한 외적 이미지가 하나의 브랜드 콘셉트(이미지)로 기억되어 소비자에게는 아직도 리더(브랜드)로 살아 있다.

우리에게 기억되는 정치 리더는 성공적인 브랜드 콘셉트, 다시 말해 국민이 판단하는 성공적인 이미지를 통해 자신의 명성을 관리한다. 그들은 자신을 브랜드로 만드는 것의 중요성도 알고, 그것을 위한 스페셜리스트도 곁에 둔다. 실력으로만 리더십을 발휘하는 것이 어려운 세상이라는 것을 알기에 관계에 의한 리더십을 발휘한다.

예컨대 대중은 미디어에 비친 모습을 믿는 경향이 강하다. 넥타이를 무슨 색으로 할지, 소매를 두 번 접을지 세 번 접을지, 토론 연단에 걸어 올라갈지 뛰어오를지 등이 사전 각본에 따라 연출된다.

'메라비언 법칙'이라고도 부르는 비언어 커뮤니케이션은 미국의 빌 클린턴 전 대통령이 가장 많이 활용한 것으로 알려져 있고 그 뒤를 버락 오바마 전 대통령이 잇고 있다. 다만 둘의 차이점은 오래 기억되는 **'브랜드가 된 리더'인가 VS '그냥 리더'인가**다. 이는 자신의 정체성을 찾아서 강화하기 위해 노력했느냐 하지 않았느냐의 차이며 잠시 후 언급할 기업 리더의 상황도 동

일하다.

우리가 기억하는 빌 클린턴(그냥 리더)과 버락 오바마(브랜드가 된 리더)를 떠올려보자. 리더라면 대부분 공감하듯 높은 자리에 올라가는 것보다 더 어려운 것은 그 자리를 유지하는 것이다. 그 관점에서 보면 버락 오바마는 성공했고 빌 클린턴은 실패했다. 빌 클린턴은 퇴임하고 나서(기업의 리더라면 퇴직 후) 힐러리 클린턴의 남자, 남편 그리고 외도한 르윈스키 사건으로 더 많이 회자되기 때문이다. 그런 그가 2016년 미국 대선 후보 힐러리 클린턴에게 힘이 되는 남편이자 전 대통령이기보다는 트러블 메이커로서의 역할로 존재했다는 것은 씁쓸한 일이다.

반면 버락 오바마는 대선에 당선되기 전까지 시쳇말로 '말 잘하는 젊은 흑인 정치인' 정도였으나 대통령을 퇴임한 지금 '소통하는 리더, 젊은 대통령'이라는 강한 브랜드로 남아 있다.

미국 총기 난사 희생자 장례식에 참석한 오바마 대통령이 추모 연설을 하다가 고개를 숙이더니 한동안 침묵이 흐르는가 싶었다. 이후 그의 입에서는 「어메이징 그레이스」 첫 소절이 흘러

나왔다. 모든 추모객이 자연스럽게 자리에서 일어나 함께 따라 불렀다. 희생자 한 명 한 명의 이름을 호명하며 그 자리에 있는 모든 이를 치유해주고 위로해주었다. 미국인들은 그 순간을 오바마 대통령 최고의 순간으로 기억한다. 멋진 말이나 문구가 아닌 감정의 전율이 느껴지는 명연설을 통해 또 한 번 소통의 격을 올리는 순간이었다.

버락 오바마는 정치인이자 대중에게 인기 있는 셀럽이자 명망가다. 대부분의 정치인은 인지도와 명성이 중요하다. 그래야 대중이 귀 기울이고 자신의 의견을 들어주기 때문이다. 그렇게 오바마는 대통령이 되기 전과 이후에도 꾸준히 자신의 정체성 Identity을 담은 브랜드 이미지를 강화하는 PI 관리를 했고, 미국을 이끌었고, 그렇게 '소통'과 '공감'이라는 키워드를 얻은 '리더 브랜드'가 되었다.

그런데 도널드 트럼프는 오바마와 조금 다른 구석이 있다. 그는 부동산 재벌, 방송가 셀럽이라는 독특한 브랜드가 정립되어 있던 사람이다. 트럼프가 왜 영화배우 출신인 전 로널드 레이건 대통령을 벤치마킹했었는지 이해하기 쉬워지는 대목이다. 왜냐하면 레이건도 브랜드였던 그가 대통령이 된 것이기 때문이다. 2016년 미국 대선이라는 이미지 전쟁에서 미치광이 트럼프는 승리했고 세계 최고의 리더라는 브랜드가 되었다. 대통령 취임 2년 차 트럼프는 자신의 브랜드를 활용해 스타일대로 통치하며 중국이나 일본 정상에게까지 호통 치는 강한 리더십을 발휘하고 있다. 흡사 '처칠'의 PI가 떠오른다. 그는 세계에서 가장 센 리더인 것처럼 보인다. 어떻게 도널드 트럼프가 리더가 될 수 있었는지 이 책에서 확인할 수 있다.

우리나라에서도 정치인과 대기업 리더의 이미지 전략, 브랜드 관리를 위한 PI 활용도가 점차 늘고 있다. 하지만 여전히 은밀하게 진행되는 경우가 많은데 이유는 사회의 부정적 시선을 의식해서다. **이 분야는 최고의 리더만 알고 있는 은밀한 사각 지대다.** 그래서 리더가 되려는 사람이나 리더를 따르는 조직원, 그들을 바라보는 대중은 리더의 능력과 내실에서 현격히 차이가 나지 않는다면, 리더 브랜드 이미지가 중요하게 부각될 수밖에 없다는 의식부터 새롭게 해야 한다.

통상 유수한 기업에서는 최고경영자가 바뀌면 대내외에 새로운 리더십을 보여주기 위해 PI 콘셉트와 방향성에 대한 물밑 작업을 한다. 이 PI 실행에는 중장기적으로 경영의 큰 그림을 제시하는 메시지는 물론 옷차림과 표정, 말투 등의 비언어 커뮤니케이션과 이벤트 등 세세한 내용까지 두루 들어 있다. 리더라는 브랜드는 이런 디테일한 노력과 감정 영역도 소홀하지 않아야 더 좋은 리더가 되기 때문이다.

전문가로서 리더들을 보면 채워주고 싶은 요소들이 하나둘 눈에 들어온다. 그래서 정보가 부족한 리더는 방치된 고아 같아 보인다. 개인적으로 참 안타깝다. 이미 브랜드가 된 리더는 그냥 리더에게 알려주려 하지 않기 때문이다.

『리더라는 브랜드』는 최고 브랜드가 되고 싶은 당신이 리더로서 가질 핵심 이미지와 개인을 브랜드화하려면 어떻게 해야 하는지 그 비밀의 길을 안내해줄 것이다.

사회적 존재로서의 한 개인은 의도하든 의도하지 않았든 상대에게 비치는 이미지가 곧 자신의 정체성으로 굳어진다. 브랜드 이미지라는 관점을 통해 독자들이 자신의 삶을 대면하고, 자신이 보는 나와 타인이 보는 나의 차이가 무엇인지 깨달아 자기 삶의 설계도를 그려볼 수 있기를 바란다.

　전반부에는 리더의 이미지 전략, 개인 브랜드 전략, 커뮤니케이션 전략, 스타일, 품격 전략 등 이미지 전략의 정석을 0.1% 리더 사례와 직접 경험했던 PI 사례를 들어가며 이해하기 쉽게 풀어놓았다. 더불어 최근 남북정상회담, 북미정상회담에서의 이미지 전략 사례를 거론하며 독자 여러분의 이해와 재미를 높이려고 했다.

　리더가 능력만 가지고 되는 것은 아니다. 그래서 후반부에는 리더의 자기 관리 전략을 통해 내가 지켜본 중년 리더의 분투를 다루었다. 공감 능력이 있어야 리더로 성공할 수 있다. 무엇보다 리더 자신이 스스로에 대한 공감을 할 수 있어야 한다. 내가 지켜본 중년의 리더들은 외로움, 쓸쓸함을 느끼지만 그 자체를 즐기면서도 일로 승화해 그들만의 리더살이를 하고 있다. 존경하고 위로하는 마음을 담아 그들을 위한 가장 자기다운 브랜드로서의 자신감 있는 관리 노하우를 새로운 관점으로 제시하고 싶었다.

무엇보다 이 책은 내가 직접 만나본 중년 리더들의 공감과 사례에 좀 더 집중했다. 다행인 것은 브랜드가 되는 PI 공식은 남녀가 똑같다. 여성들에게도 유효하다는 말이다.

다수의 사람을 이끌어가는 사람을 리더라 부르지만 모든 사람이 자기 삶을 끌고 가는 면에서는 '리더'라고 생각한다. 이 책을 통해 모든 분야의 리더가 자기 자신을 방치하기보다는 최소한의 방법으로 스스로를 보듬을 수 있기를 바라고 '리더라는 브랜드'를 만들어가는 데 도움이 되기를 바란다.

이미지전략가

허은아

차례

| 1 장 |
리더의 브랜드 이미지 전략
리더의 이미지는 리더가 꿈꾸는 미지의 세계로 인도한다

| 6 장 |

리더의 자기 관리 전략
리더의 자기다움은 자기만의 색다름이 만든다

리더의
브랜드 이미지 전략

리더의 이미지는
리더가 꿈꾸는
미지의 세계로 인도한다

0
1

스스로 칭찬할 만한
나다움을 찾는다

내 책상 앞 벽면에는 45대 미국 대통령인 도널드 트럼프와 함께 찍은 사진이 여러 장 붙어 있다. 엄밀히 말하면 대통령 당선 전 유세 현장에서 만난 후보자로서 그와 찍은 사진들이다.

트럼프 당선이 확정되기 전까지는 그와 함께 찍은 사진도, 그에 대한 나의 분석과 평론도 주목받지 못했다. 그러나 트럼프 당선이 확정된 직후부터 지인을 비롯한 몇몇 정치인과 기자들에게 '트럼프 대선 정국'에 대한 여러 질문을 받기 시작했다. 개인적으로는 매우 흥미로운 현상이다.

당시 나의 미국 대선 분석들은 대부분의 언론이나 전문가 평가와 달랐다. 트럼프 선거 방식의 긍정적 측면을 드러낸 부분들이 많아서 나의 예측은 객관적 근거로 채택되기 어려운 위험한 발언이라 여기고 동의하지 않는 사람이 많았다. 그래서 미국 대선 상황에 관해 이야기하거나 글을 쓸 때는 위험 수위를 조절해야만 했다. 이것은 매스미디어의 영향력이 다수의 의견을 더욱 강력한 다수의 의견으로 만들어 소수 의견을 위축시킨다는 '침묵의 나선 이론'과 잘 맞아떨어진다.

2016년 미 대선 이후 생긴 신조어 '샤이 트럼프 지지층'이라는 단어는 침묵의 나선 이론을 실증적으로 보여준다. 고립되는 것이 두려운 사회적 존재이기에 자신의 의견이 소수 의견일 경우 침묵하는 것은 어쩌면 당연하다. 그래서 다수와 다른 의견을 이야기하는 사람에게 동조하는 게 쉬운 일은 아니다.

이 이론은 고객의 색(정체성)을 찾아 개인 브랜드Personal Brand를 구축하는 것이 주요 업무인 이미지 전략가 측면에서는 매우 풀기 어려운 숙제다. 고객의 색을 찾아주려면 맨 먼저 현시대적 환경과 개인을 분석하고 나서 남과 다른 '자기다움'을 발견하는 것이 가장 중요하다. 이는 결국 다수와는 다른 자신의 색을 내야 한다는 것이기 때문에, 그동안 숨겨놓았던 '나'를 용기 있게 드러내야 하는 변화다.

타인의 시선을 신경 쓰지 않는 젊은 층은 이를 즐기지만, 아직은 다수와 다르다는 것을 '위험하고 튀는 것'이라고 생각하는 중년층은 이를 두려워하거나 거부하는 경우가 대부분이다. 더구나 연예인이나 정치인이 아닌 일반 조직에서 비즈니스를 하는 중년은 더욱 그렇다.

이렇듯 자기다움을 실현하는 데 두려움을 느끼는 분들에게는 시대적 트렌드를 더는 배우지만 말고 과감히 실행하라 권하고 싶다. 한 해 동안 유세 현장을 직접 방문하며 분석해본 2016 미국 대통령 선거는 한마디로 '두 후보의 브랜드 쇼'였다. 유권자들은 긍정적이든 부정적이든 각각 자신의 색을 드러내며 강점을 제대로 알리고 각인시키는 것도 대통령의 주요한 자질이라 평가했고 이는 당선에 영향을 끼쳤다. 이는 비단 대통령만의 문제는 아니다. 경영자도 마찬가지다. 스티브 잡스도, 빌 게이츠도, 마크 저커버그도 자기다움을 찾지 못한다면 어느 시장의 어떤 경쟁에서도 살아남기 쉽지 않은 것이 시대적 트렌드다.

이제는 나의 색을 찾는 데 시간을 써야 한다. 하루에 한 번이라도 자신과 이야기하는 시간을 약속해야 한다. 내가 좋아하는 일을 찾아내야 한다. 무엇을 할 때, 먹을 때, 볼 때, 누구와 만날 때, 어떤 이야기를 할 때 즐거운지 적고 읽고 느껴보자. 자신조차 가장 재미있고 행복한 순간이 언제인지도 모르고 삶을 영위하고 있는 재미없는 사람은 나다움의 색을 찾기 힘들다.

스스로 칭찬할 수 있는 브랜드가 될 때 진짜 꽃 피는 전문가가 된다. 다수의 동조에 매달리는 것보다 '나'에 대해 인정하고 동조하는 게 우선이다. 이것이 스스로를 지키는 작업의 핵심이자 '나다움'의 시작이다. 그래야 인정하는 다수를 끌어낼 수 있다. 이는 미국 최고령 대통령으로 당선된 트럼프의 전략이기도 하다.

0
2

속마음을 간파하고
파고들어라

예견된 승리

도널드 트럼프를 45대 대통령으로 뽑은 2016년 미국 대선 결과
는 전 세계에 충격을 안겨주었다. 유력 언론들은 뜻밖의 결과
에 당혹감을 감추지 못했다. 그러나 그의 승리는 예견된 것이
었다. 내가 현장에서 직접 확인하고 분석한 트럼프 캠프 전략
을 정리해본다. 나는 2016년 2월부터 도널드 트럼프 후보의 당
선을 예측했다. 힐러리 클린턴과 도널드 트럼프 두 후보에 대해
자체 개발한 프레임으로 비교 분석했고 선거 전날에는 트럼프
후보가 1% 차이로 승리할 것이라는 결과를 온라인 플랫폼에
올리기도 했다.

　대부분의 정치 전문가와 언론이 힐러리의 승리를 예상했기

때문인지, 내 예측에 대해서 '전문가의 식견'으로 평가하기보다는 '점쟁이' 혹은 '지지자'의 의견 정도로 치부하기도 했다. 하지만 '트럼프 승리 예측 결과'는 선거의 핵심인 현장의 소리, 유권자들의 소리, 그런 그들의 마음을 잡았던 트럼프의 전략을 2년여간 직접 보고 듣고 확인한 덕분에 가능했던 일이다.

공화당 후보로 트럼프가 결정되었던 7월 전당대회부터 당선 조짐이 보였다. 거의 모든 언론이 공화당 후보로 '막말 아웃사이더 트럼프'가 당선되었으니 '준비된 대통령 후보 클린턴'이 노련미를 발휘해 어렵지 않게 45대 대통령이 될 것이라는 예측 보도를 과하게 쏟아냈다. 이는 '샤이 트럼프' 층을 자극하기 충분해 보였다.

또한 공화당과 민주당 전당대회 현장에 직접 다녀오면서 트럼프 후보와 유사한 브랜드로써, 스스로 일어난 팬층 특히 젊은 층을 확보하고 기득권에게 선거자금을 구걸하지 않았던 유일한 민주당 강력 후보인 버니 샌더스를 주목했다. 민주당 후보로 버니 샌더스가 당선되었다면 공화당의 도널드 트럼프를 이기고 45대 대통령이 되었을 것이라고 지금도 생각한다. 공화당에게 정권을 뺏긴 것은 미국 민주당 기득권들의 실수라고 본다. 기득권 힐러리 클린턴이 강력한 후보였던 샌더스를 근소한 차이로 누르고 후보로 결정되었다. 그래서 기득권층에 대한 반발이 커지고 있는 대선 정국 상황에서는 막말 후보임에도 불구하고 트럼프가 충분히 이길 수 있을 것이라 확신했다.

미국 대선 경선 현장에 다녀오고 나서 《월간중앙》 2016년 3월호(2016년 2월 17일)에 「아이오아와 뉴햄프셔 경선 현장을 가다: '잘 짜인 프레임, 달인 수준의 소통으로 허를 찌른 샌더스와 트럼프… 스킨십과 겸손 부족한 힐러리」라는 제목으로 기고를 했다. 이 글에서 '아웃사이더이자 강한 리더'로서 자신의 색(정체성)이 확실한 대선 후보 트럼프에게는 팬덤 현상이 나타났음을 강조했다. 팬덤은 '광신자'를 뜻하는 영어 단어 'fanatic'의 'fan'과 '영지領地' 또는 '나라'를 뜻하는 접미사 'dom'의 합성어로 특정 인물(특히 연예인)이나 분야를 열성적으로 좋아하거나 몰입하여 그 속에 빠져드는 사람을 가리키는 말이다. 이러한 트럼프의 팬덤 현상은 정치자금으로 움직이는 조직을 갖춘 힐러리 캠프에서는 따라 할 수 없는, 스스로 활동하는 조직들로 인한 파장과 힘이기에 비교할 수 없이 강했다.

그리고 전당대회 쇼는 힐러리 클린턴이 우세했지만 '쇼는 쇼일 뿐'이었다. 미디어의 편견이 트럼프를 '무지한 인종차별주의자'로 만들었고 여전히 주류층의 입맛에 맞는 보도를 하며, 기존 정치에 지치고 분노한 좌도 우도 아닌 현장의 유권자(분노 계층)들의 민심을 제대로 반영하지 못하고 있음을 체감했다. 이런 상황을 간파했는지 트럼프는 언론을 역공격하고 기존 언론에 대해 반발하는 단체의 자발적인 'TTT 16Tell The Truth 2016: Don't believe the liberal media!' 운동을 이끌어내고 활성화시키고 있었다.

당시 '내가 미국의 일반 유권자라면'이라는 관점으로 대선을 바라보았을 때, '주류 정치인과 다른 누군가'에게 기대를 걸게 되었을 것이다. 결국 '거짓말'과 '막말 후보'라는 최악 중 반드시 한 명을 선택해야 하는 조건이라면 아웃사이더이면서 (힐러리보다) 솔직한 이미지의 도널드 트럼프 후보가 아주 근소한 차이로 승리할 것이 자명했다.

남이 만들어준 이미지를 거부하다

주요 미국 언론들은 막판까지 힐러리 클린턴의 승리를 예상했지만, 기득권 언론에 자극받은 분노한 미국 시민들은 '미국 최초의 여성 대통령'이 아닌 '거친 아웃사이더' 트럼프를 선택했다. 선거 전날까지도 미국 언론뿐 아니라 국내 언론 보도 역시 '클린턴의 승리'로 여론을 몰아왔다.

홍콩《사우스차이나 모닝포스트》가 조사한 바에 따르면, 도널드 트럼프 후보에 대한 한국의 지지율은 7%로 아시아 6개국 가운데 최저치를 기록했고, 그 이유로는 "도덕적으로 대통령에 부적합하다"와 "예측 불가능하다" "분열을 초래한다" 등의 의견이 있었다.

그렇다면 왜 우리나라에서 '트럼프'의 이미지는 막말, 성차별, 인종차별 등 말 그대로 '대통령 자질이 없는 자'로 형성되어왔을까? 미국과 물리적으로 멀리 떨어져 있는 우리나라 사람들이 '트럼프'라는 사람에 대해 부정적 이미지를 가지게 된 데는 국내외 언론의 영향이 크다. 미 의회 전문지 《더 힐》은 "발행 부수 기준 미국 100대 신문 중 43개 신문이 힐러리를 지지한 데 반해 트럼프 지지를 선언한 곳은 단 한 곳도 없었다"고 보도했다. 이것으로 미뤄보아 우리나라 언론 매체들 또한 자주 인용하는 CNN, 《워싱턴포스트》, 《뉴욕타임스》 같은 주류 미국 언론의 친클린턴 성향을 그대로 답습했을 것이다.

이것은 '프레이밍 효과'와 '의제 설정 이론'으로 설명할 수 있다. 프레이밍 효과는 행동경제학자 아모스 트버스키와 대니얼 카네만 등이 주창한 내용이다. 어떤 사실을 전달할 때, 어떤 틀 안에 넣느냐에 따라 전달받은 사람의 생각과 행동에 영향을 준다는 것이다. 의제 설정 이론은 맥스웰 맥콤스 등이 주장했다. 대중은 매스미디어에서 강조하는 속성을 해당 이슈의 가장 중요한 속성이라고 생각하는 경향이 있으며, 어떤 이슈에 대해 매스미디어에서 강조하는 속성이 곧 공중이 그 이슈에 대해 중요하게 여기는 속성으로 전이된다는 내용이다.

이 두 이론에 따르면, 미디어가 특정 주제에 대해 주목하고 비중 있게 다룰 경우 실제로는 그렇지 않더라도 대중은 그 이슈를 중요하게 평가한다. 이에 따라 2016년 미 대선에서 도널드 트럼프의 정책이나 긍정적인 면보다는 언론에서 이슈화하기 좋은 그의 막말과 부정적인 면에 주목하여 보도함으로써 대중으로 하여금 트럼프가 대통령 자질이 없는 사람처럼 느끼도록 기존의 기득권다운 '인식의 프레임'을 형성했다고 볼 수 있다.

이러한 인식의 프레임에 갇혀, 그의 정책은 실현 불가능한 것이 많다는 평가를 받기도 했다. 하지만 면밀하게 살펴보면 트럼프는 기존의 공화당 후보 중 가장 중도의 입장에 섰으며, 민주당의 버니 샌더스 후보의 정책과도 일치하는 점이 많다.

내가 만난 트럼프

대선 경선 현장에서 직접 만난 도널드 트럼프는 한국 언론을 통해 인식한 '막말 종결자'의 이미지와는 아주 달랐다. 솔직하고 거침없는 발언으로 무장한 트럼프의 스피치는 매력적이었다. 민주당 경선 후보였던 버니 샌더스의 아웃사이더이자 선동가적 이미지 스타일과 닮았다는 느낌이 들었다.

게다가 트럼프는 일반 대중이 이해하기 쉬운 단어와 그들의 감정선을 따라갈 수 있는 어휘를 쓰고 있었다. 수사학에 따르면, 연설로 얻을 수 있는 설득의 수단에는 세 종류가 있다. 첫째는 화자의 인품에 있고, 둘째는 청중에게 올바른 (목적한) 태도를 자아내는 데 있으며, 셋째는 논거 자체가 그럴싸하게 예증되는 한 논거 그 자체와 관련 있다. 이를 달리 말하면 수사학은 에토스인격적 감화, 파토스감정, 로고스이성로 구성된다.

그런데 분노 계층의 유권자에게는 에토스나 파토스를 통한 설득 전략이 더 유효하다는 것을 트럼프가 적극 활용한 것으로 보인다. 또한 트럼프 특유의 유머와 솔직함, 대담함은 청중을 집중시켰다. 그렇게 트럼프는 자신을 드러냈다. 그래서 청중이

지루할 틈이 없었다. 청량음료처럼 속이 시원했다.

트럼프는 단순히 전달만 하는 스피치가 아닌 쌍방향 소통의 달인이었다. 청중과 함께 반응하며 "나는 (지금) 이 자리에서 바로 당신과 이야기하는 중이다" "우리가 다시 미국을 위대하게 만들자"라며 단순하면서도 강한 메시지를 심어주었다.

트럼프는 스피치가 끝난 후에도 한 사람 한 사람에게 최선을 다했다. 언론에서 봤던 공격적인 표정과 말투가 아닌 유머러스한 농담을 섞어가며 시종일관 웃는 얼굴로 현장에 있는 사람들과 교감했다. 나와의 대화에서도 '잘 봐주세요. 나를 뽑아주세요'가 아니라 '우리는 친구'라는 기조를 유지하며 가까이 다가와 질문하고 답했다.

주류의 프레이밍을 깬 승리

트럼프는 '청중의 언어'로 사람들의 마음을 사로잡았다. 성공한 사업가답게 고객인 유권자들과 정서적 교감을 하면서 그들을 충성 고객으로 만들었다. 마이스터 전 하버드대 교수에 따르면, "감동을 체험한 고객들은 평범한 경험을 가진 고객보다 충성도가 더 높아져 기업과의 관계를 장기간 지속함은 물론, 타인에게 그 기업의 제품과 서비스를 적극 추천한다"고 한다. 현장에서 트럼프를 만난 유권자들은 TV에서만 보던 공격적인 모습이 아닌 '친근함' '동류 의식' 같은 반전 매력에 감동하여 충성도가 높아졌다. 현장에 답이 있다는 마케팅 전략을 도입한 것이다.

경선 현장에서 도널드 트럼프 후보의 소통 능력을 경험해본 나는 유세 현장에서 유권자들을 많이 만나면 만날수록 트럼프가 이길 가능성이 더 커질 것이라 확신했다. 트럼프 캠프도 그 사실을 알고 있었고, 그래서 더욱더 사람들의 이목을 끌고 호기심을 유발하기 위해 언론을 역이용한 '막말'을 하나의 강화 기법으로 쓴 것으로 추측한다.

하지만 제아무리 충성 고객이 된 트럼프 지지자들이라 해도 트럼프에 대해 호감을 표시하거나 지지한다는 의견을 내세울 수는 없었을 것이다. 하물며 한국의 나도 그 불편함을 경험해 입을 닫을 수밖에 없었으니 말이다. 이는 앞서도 말했듯 독일의 사회학자 엘리자베스 노엘레 노이만의 '침묵의 나선 이론'으로 설명할 수 있다. 이 이론은 매스미디어의 영향력이 다수의 의견을 더욱 강력한 다수의 의견으로 위축하게 하는 결과를 낳는다는 주장이다. 인간은 본능적으로 사회적 존재이므로 고립에 대한 두려움이 있기에 자신의 생각이 다수와 일치하면 의견을 적극 표현하고 자신의 생각이 소수 의견이라면 침묵한다.

언론의 영향으로 트럼프에 대해 다수가 반감을 가지는 상황에서, 겉으로 보기에 소수로 느껴졌던 트럼프 지지자들의 '숨은 표'가 여론조사와 출구조사에서는 거의 나타나지 않았던 것이다. 실제로 트럼프는 최대 격전지인 플로리다, 오하이오, 펜실베이니아 등을 포함한 대부분의 경합 주에서 승리했다. 그동안 침묵하던 '샤이 트럼프 지지층'이 실제 투표장으로 나선 것이다.

03
신뢰는 작은 약속 지키기에서
시작된다

2016년 미국 대통령 선거에서 힐러리 클린턴이 막말 이미지 트럼프에게 질 수밖에 없었던 강력한 이유 중 하나로 약속에 대한 신뢰성을 꼽는다. 유권자들이 힐러리 클린턴이 대선 공약을 제대로 이행할지 믿지 못했다는 뜻이다.

 "이게 무슨 말도 안 되는 소리냐"며 반문하는 사람도 있을 것 같다. "약속을 뒤집는 건 트럼프의 주특기가 아니냐"고 항변할것이다. 나도 이 심정을 이해한다. 트럼프는 예정되었던 북미회담을 돌연 취소했었다. 그리고 완전한 비핵화가 보장되지 않으면 회담을 하지 않겠다고 공언하다가 슬그머니 회담을 재개했다. 김정은 위원장에게 중요한 사안 대부분을 양보해놓고도 훌륭한 성과를 얻었다며 큰소리를 쳤다. 이것이 트럼프가 약속을 함부로 저버리고 거짓말을 일삼는 증거가 아니냐고 할 수 있다. 여러 언론 보도를 보면 트럼프가 대통령이 되고 나서 거짓말쟁이로 낙인찍히고 있는 듯 보인다. 그런데 그는 정말 약속을 지키지 않는 거짓말쟁이일까?

트럼프 대통령은 진짜 약속을 어긴 것인가? 북미정상회담만 놓고 따져보면, 김정은 위원장이 자신들의 제의를 긍정적으로 수용하지 않으면 언제든 회담을 취소할 수 있다고 말했었다. 순서를 따져보면 트럼프가 아니라 북한이 먼저 약속을 어기는 태도를 보였다. 따라서 그는 약속을 지킨 셈이다. 정상회담 결과를 보면, 타국이야 어떻든 자기 나라에는 피해가 없도록 원하는 바를 얻은 듯 보인다.

트럼프가 북미회담에서 내세운 문구는 바로 '우리는 서로 신뢰한다'이다. 그는 'Trust'라는 단어를 강조했다. 그러면서 합의문에 서명하고 난 후 기자회견장에서 약속을 하나씩 실행할 것임을 여러 번 강조했다.

트럼프는 국내외로부터 거센 비난을 자초하는 대통령이다. 이민자에 대한 조치도 그렇다. 막 나가는 듯 보인다. 하지만 이는 후보 때 약속한 대선 공약을 지키고 있는 것이다. 그러다가 한 달 이상 지나고 나서 부인과 딸이 강하게 요청해 자기 뜻을 꺾었다고 한다. 하지만 사실은 2018년 11월 중간선거를 의식한 선택으로 보인다. 어쩔 수 없이 약속을 어기면서 궁여지책으로 가족 핑계를 댄 게 아닐까 싶다.

타당한 이유와 명분이 있어야 기존의 약속을 번복하는 모습을 보이는 게 트럼프의 특징이다. 그만큼 약속을 소중히 여긴다. 이는 타고난 비즈니스맨으로서 트럼프의 특징을 잘 보여준다.

미국인들은 트럼프의 말을 믿을까, 믿지 못할까? 트럼프가 공약한 것들이 바람직하든 그렇지 않든 "트럼프라면 정말 공약을 이행할 것"이라고 이야기하는 미국인들이 많다. 좋은 약속이든 아니든 그것을 지키는 행보를 보여주고, 뒤로 물러설 때는 그럴 수밖에 없는 명분을 제시하는 게 지금까지 트럼프의 모습이다. '약속을 지킨다'가 개인 브랜드로 형성된 것이다. 그래서 트럼프의 말에 더 주목하게 된다. 그를 지지한 51%의 유권자가 그랬듯, 트럼프라는 리더를 바라보고 지켜보는 사람들은 그만의 리더십을 믿게 될지도 모른다.

비즈니스에서는 기본적으로 신뢰가 처음인 동시에 마지막이다. 그 신뢰의 출발은 바로 약속 이행이다.

협상하는 사람들이 상대에게 큰 피해나 법적으로 무리가 없는 선에서 하는 허풍과 말 바꿈은 우리도 주변에서 자주 접하는 일이 아닌가? 오해하지 마시라. 미국 우선주의만 외치며 타국에 대한 배려가 없는 트럼프를 옹호하려는 것은 아니다. 즉흥적인 성격에 막말을 자주 내뱉는 그가 진짜로 그렇게 해버릴까 걱정하면서 트위터까지 살피는 언론들의 행보를 만들어가는 그의 리더십 스타일이 흥미로울 뿐이다.

지위보다 중요한 선약

약속의 중요성과 관련 있는 경험 하나를 나누고 싶다. 내가 총리실 자문위원으로 활동할 때의 일이다. 총리 공관에서 총리가 참석하는 국민소통자문단 오찬 간담회가 있었다. 그날 일정은 오전 11시에 시작하여 오후 1시 반 정도에 마무리하는 것이기에, 이후 오후 3시 강남에서 진행해야 하는 특강에 문제가 없음을 재확인하고 행사 참여 의사를 밝혔다. 그런데 총리의 일정이 1시간 정도 지연되면서 오찬 행사도 잇달아 밀리는 바람에 내가 다음 일정을 맞추려면 먼저 간담회에서 일어나야 하는 겸연쩍은 상황을 맞았다.

나는 선약이 먼저였기에 중요 인물과의 식사를 포기하더라도 꼭 지켜야 한다고 생각했다. 그날 건배사를 내가 맡아 총리 바로 옆자리에 앉아 있다가 자리를 비우게 되는 것 또한 결례인 탓에 사전에 총리에게도 양해를 구했다.

그러자 총리는 "사전에 약속된 일이 중요하지요. 눈치 보지 말고 마음 편히 일어나세요. 그래도 식사는 해야 할 테니 고기는 먹고 가세요. 여기 고기가 정말 맛있어요"라고 흔쾌히 양해해주었다. 자칫 무례하게 받아들일 수 있는 상황에서 상대를 배려한 마음 씀씀이가 느껴졌다. 내가 그에 대해 받은 인상은 굳이 말하지 않아도 알 수 있을 것이다.

그런데 문제는 그다음에 일어났다. 의전을 담당하는 분들에게 미리 양해를 구했지만, 괜찮다고 했던 그분들은 '설마설마'

하며 내가 진짜 일어나리라 생각은 못한 듯 보였다. 총리와 참석한 자문위원들에게 인사하고 총리보다 먼저 나오는 내 모습에 적잖이 당황한 듯했다. 4년 이상 해오던 자문위원 활동 연장이 이 일이 있은 후 없어진 걸 보면 그때 내가 무례하다고 생각한 것이 아닌가 싶다.

오래된 일이지만, 그때 나 때문에 당황하거나 손해를 입은 분이 있다면 지면을 통해 죄송한 맘을 전하고 싶다. 자문위원 활동을 함께한 분에게 추후 분위기를 물어보니 "지금까지 강의하러 가야 한다고 총리 앞에서 인사하고 먼저 나간 사람은 허 박사밖에 없을걸"이라며 "당신 같은 사람 처음 본다"고 대답했다. 그 말이 칭찬인지 농담 섞인 충고인지 아직도 잘 모르겠다.

만약 그러한 상황이 다시 닥친다면, 난 그때도 먼저 자리에서 일어날 것 같다. 일정을 지키지 않았던 건 내가 아니었다. 사회적 지위에 상관없이 그 약속들은 다 지켜져야 한다. 이러한 내 원칙은 당당한 생활을 하는 데 도움이 된다. 또 후배들과 미래의 고객들에게 믿음을 주고 당당한 거래를 할 수 있도록 해주었다. 다만, 중요한 일정이 있을 때는 그 후 일정을 여유롭게 잡아야 한다는 점을 경험을 통해 배웠다. 그리고 가능하다면 그렇게 할 것이다.

융통성이 부족해 보일 수는 있지만, 약속을 꼭 지키는 것에는 여러 미덕이 있다. 예를 들면 내가 약속 몇 시간 전이나 하루 전에 "중요한 일이 생겼다"며 자신을 우선순위에서 밀어내지는 않으리라는 확신을 상대에게 줄 수 있다. 물론 응급실에 실려 가거나 피치 못할 일로 약속을 어길 수는 있지만, 적어도 다른 이보다 지위가 낮아서 자신과 한 약속이 무시당하는 억울한 상황을 당하지 않게 한다는 믿음을 준다는 건 기분 좋은 일이다.

리더에게 평상시 평판 관리는 위기관리의 핵심이다. 그중 가장 중요한 것이 바로 약속 지키기다. '거짓말쟁이'라는 말만큼 이 시대 리더에게 불명예는 없다. 위기 때 무너지기 가장 쉬운 사람이 바로 약속을 지키지 않는 사람이다.

약속을 지키는 우선순위는 어떻게 정하는 게 정석일까? 지위와 서열이 먼저일까? 나는 약속을 정한 순서대로 이행하는 게 정석이라 생각한다.

트럼프 대통령의 사례와 내 경험까지 드는 의도는 누구든 언제든 약속을 소중히 여기라라는 것이다. 하지만 이것이 쉽지만은 않다. 그렇더라도 최고의 리더들이 가져야 할 가장 큰 힘은 자신이 내뱉는 말에 대한 약속을 지키고 실행함으로써 자신의 말에 대한 힘을 키워야 한다는 것이다.

04

사람을 끌어당기는
마력을 키운다

도널드 트럼프는 적어도 한국에서는 몰상식한 남자로 낙인찍혀 있었다. 국내에서 각인된 이미지만 보면 그가 대선 후보 경선부터 본선까지 트럼프 현상이라는 돌풍을 일으키고 결국 대통령의 자리를 거머쥔 것을 이해하기 어렵다. 왜 미국인들은 '막말 노인'에게 매력을 느꼈을까?

2016년 초 경선 현장을 둘러보면서 고정관념이 정보에 대한 분별력을 무디게 만든다는 진실을 또 한 번 깨달았다. 그리고 고백하면, 트럼프 후보를 직접 만나고 나서 나도 그에게서 의외의 매력을 느꼈다(그렇다고 해서 그가 미국의 대통령이 되기를 바라는 마음을 가졌던 건 아니다). 그렇다면 트럼프의 어떤 점이 대중에게 어필했을까?

트럼프 후보는 기업의 경쟁력과 자본의 이익을 강조하며 '터프한 보수'를 주창했다. 사업가다운 자신만의 접근으로 기존 정치에 대한 혁명을 부르짖었다. 하지만 공약들을 세세히 살펴보면 거친 어조와 달리 중도의 길을 선택했음을 발견할 수 있다.

이러한 그의 정책 방향이나 정치 노선은 따로 이야기하지 않겠다. 우리의 관심사인 이미지 전략 차원에서 트럼프를 살펴보자. 우선, 그의 모든 연설은 완벽히 준비되어 진행되었다. 부정 이미지로 각인된 막말도 연설에서는 집중도를 높이는 강화 기법으로 쓰이고 있었다. 훈련된 연설 기법을 정확히 구사하며 유머와 솔직함, 대담함 등 자신만의 흡인력으로 청중을 집중시키고 자신을 드러내었다. 그래서 현장에 있는 청중은 지루할 틈이 없었다. 무거운 정치 단어보다 대중이 이해할 수 있는 쉬운 단어를 쓰는 것은 기본이다. 이와 함께 실례를 들고 감정선을 건드리는 표현을 선택한다. 트럼프의 연설 스타일은 '이해하게 하기'보다는 그냥 '흡수되는 연설'이다. 유명 강사의 강연 같다. 방송 진행 경험이 녹아들어 능수능란한 연설가로서의 면모를 돋보이게 하는 듯하다.

트럼프는 보통 정치인처럼 연설문을 따라 읽으며 혼자 이야기하지 않는다. 청중의 반응에 응대하며 연설이 끝나면 앞으로 모여든 한 사람 한 사람에게 최선을 다한다. 거만한 듯 보이는 특유의 표정과 몸짓으로 말이다. 그에게서 70대 노인의 분위기는 느껴지지 않는다. 오히려 청년 같은 젊음과 능숙한 어른의 매력이 풍긴다.

경선 유세 현장은 대개 이런 흐름이었다. "신사 숙녀 여러분." 성우의 힘찬 소개와 함께 쇼의 주인공처럼 트럼프가 연설장에 등장하면, 부인과 딸이 먼저 지지 연설을 한다. 그 순간 트럼프의 매력은 배가된다. 딸 이방카 트럼프는 와튼스쿨을 졸업한 재원으로 트럼프 기업의 부사장이었다. 경선 유세 당시 셋째를 임신 중이던 이방카의 연설은 아버지의 '멍청한 백인 이미지'를 충분히 커버해주면서 새로운 시너지를 냈다. 모델 출신의 섹시한 매력이 아니라 스마트한 사업가이자 아버지의 딸로서 말이다.

그동안 아버지인 트럼프는 손을 앞으로 다소곳하게 모은 자세로 어느 때보다 겸손한 표정을 지으며 딸의 연설을 경청했다. 자식 앞에서는 여느 부모처럼 '딸 바보'의 모습을 보이는 트럼프에게서 가족에 대한 존경과 사랑 표현은 어색하지 않았다. 그의 칭찬과 격려가 일상적인 듯 가족들은 미소로 화답한다. 존경받는 가장으로서의 모습이 이렇게 부각되었다.

좋은 사람이든 싫은 사람이든 배울 것은 배워야 한다. 현장에서의 트럼프는 청중과 친밀하게 소통하는 이미지를 차곡차곡 쌓아가고 있었다. 열려 있는 자세는 나이와 관계없이 사람을 젊게 만들었다. 이런 이미지 전략이 대다수의 예상을 깨고 트럼프를 대통령의 자리로 올린 동력이었다고 생각한다.

05

대접받는다는
느낌이 들게 하라

미국 대통령 선거에서 현재 대통령인 도널드 트럼프가 여성을 개돼지 등으로 부르거나 성적 대상으로 평가하는 발언을 일삼는가 하면, 본인의 엄청난 재력을 매력으로 꼽는 민망한 나르시시즘까지 드러냈다. 한국을 향해서는 "왜 계속 미국 안보에 의존하느냐"며 거들먹거렸고 미국인들의 세금을 다른 나라를 위해 쓰는 것을 "미친 짓"이라고 표현했다. 트럼프는 국내외를 막론하고 많은 사람을 불쾌하게 만들었다. 하지만 어떻게 하면 대내외적으로 좋은 모습만을 보여주려고 입에 발린 달콤한 말만 하는 정치인의 모습에 싫증 난 전 세계 유권자들은 거침없는 그의 이야기를 흥미 있게 지켜보았다.

도널드 트럼프는 막강한 경쟁자인 힐러리 클린턴의 독주를 지루하게 관람(?)하던 국민에게도 새로운 이슈를 던져주었다. 그는 보통의 정치인과 확실히 달랐다. 그의 행보가 미국 정치를 우습게 만들고 있다는 비판이 거세었다. 하지만 선정적인 표현과 독설, 막말에도 불구하고 열광하는 유권자 또한 적지 않았다. 지지층은 다름 아닌 미국 내 백인·보수·중산층이었다. 그들은 밀려드는 히스패닉계에 대한 스트레스에 시달렸고 악화된 사회경제적 상황으로 불만이 가득했다. 바로 그 시점에 이러한 처지의 그들을 대변한 사람이 바로 '트럼프'였다. 그들이 무엇을 원하고 있는지 속내를 정확히 꿰뚫었다. 그리고 어느 정치인도 차마 하지 못했던 일을 했다. 미국 사회 문제를 정면으로 꼬집고, 지지층을 대신하여 욕도 날려주었다.

많은 전문가는 트럼프가 대선 주자가 되리라 생각하지 않았다. 하지만 그에게는 배울 점이 많았다. 훌륭한 정치인이라고 정의할 수는 없더라도, 최소한 그의 국민에 대한 서비스 정신은 배워야 하지 않을까?

가수 싸이에게 배워야 하는 서비스 정신

문득 몇 년 전 읽었던 가수 싸이의 인터뷰 기사 내용이 뇌리를 스친다. "나에게는 가수로서의 하루일지 모르지만, 관객들은 큰마음 먹고 온 것"이라며 "그렇기 때문에 관객을 대하는 가수가 아니라, 고객을 대하는 업주 마음으로 공연을 준비한다"고 했다. 기꺼이 지갑을 열어 내 이익에 도움을 주는 사람들이 바로 고객이니 만큼, 가장 두려운 것은 제품 혹은 서비스를 제공받는 그들의 불편, 불만, 실망이 아닐까? 싸이도 같은 맥락에서 공연장을 찾은 관객을 고객이라고 표현했을 것이다.

이 부분을 정치 영역으로 옮겨 생각한다면, 나에게 소중한 한 표를 행사해주는 국민이 바로 '고객'일 것이다. 따라서 정치인도 국민을 고객처럼 생각하고, 끊임없는 고객(국민)의 만족과 고객(국민) 감동을 위해서 노력해야 한다.

가수들은 관객을 위해서 수많은 퍼포먼스를 준비한다. 브라운관에서는 공개하지 않았던 개인기며 토크 등 팬이 원하는 모습을 보여주려고 애쓴다. 오로지 나를 좋아해주는 팬에 대한 고마움, 내 음악이 듣고 싶어서 찾아준 관객에 대한 책임이 그 이유일 것이다.

우리가 옷 한 벌을 사려고 매장을 찾았을 때 직원들의 모습은 어떤가? 친절한 인사부터 시작하여 나에게 어울리는 스타일을 추천해주고 옆에서 옷 입는 것을 거들어주는 등 정성을 다한다. 서비스가 부실한 기업은 시장에서 퇴출되어 살아남을 수 없음을 본능적으로 체득하고 있기 때문이다. 작은 매장에서도 입구부터 결제를 하고 문밖을 나오는 순간까지 '대접받는 느낌'을 받는데, '정치'의 경우 국민의 만족도는 얼마나 될까? 감히 예상하건대 국민으로서 대접받는 느낌보다는 정치인에게 다스려지는 존재로만 느끼는 국민이 적지 않을 것이다.

기업이 고객 만족 경영을 추구하는 것처럼 국가와 정치인도 국민을 고객처럼 모시는 정치를 해야 한다. 그렇게 하지 않는다면 그 존재 의미가 없다. 국민은 꼬박꼬박 세금을 납부하며 내나라가 잘 운영되기를 바라고, 훌륭한 대통령과 정치인을 통해 살기 좋은 나라로 발전하기를 희망한다. 기업이 제품과 서비스를 고객에 맞추어 개발하고 개선하는 것처럼 정치인은 국민이 인간다운 삶을 영위할 수 있도록 사회 질서를 바로잡아야 한다. 정치가로서 임무와 책임은 물론이요, 국민을 향한 섬김의 자세를 필수 마인드로 장착해야 한다. 자신의 잇속을 챙기는 데 급급하지 말고, 국민의 질문과 요청에 친절하게 답변하고 국민의 비판 또한 겸허하게 받아들여야 한다.

총선과 대선이 다가오면 의식적으로 행하는 정치인의 이미지 관리에 저도 모르게 비소誹笑를 짓는 국민이 많다는 것을 알까? 정치인은 시장 상인의 손을 어루만지는 찰나의 순간을 사진으로 남기는 데 그쳐서는 안 된다. 손을 어루만지며 시장 상인들의 고충과 바람, 마음을 읽어야 한다. '민심'을 헤아려야 한다는 것이다.

맹자도 "왕이 민심을 잃으면 교체할 수 있다"고 했듯, 국민이 정치인들의 정치권력에 꼼짝 못 하는 것이 아니라, 정치가가 국민을 무서워하며 자신의 능력을 국민에게 심판받아야 한다. 정치가 정치인들만의 리그가 되어 국민이 그저 구경만 하는 것이 아니라, 국민이 원하는 바를 위해 그들이 함께 노력해야 한다.

욕쟁이 할머니 집에서 험한 말을 들으면서도 밥 먹는 사람들의 마음은 어떨까? 그 집을 찾는 사람들은 할머니의 구수한 욕을 들으며 밥을 먹고 싶을 뿐이다. 욕이 듣기 싫은데도 그 집을 찾는 사람은 없다. 할머니의 욕을 듣고 도리어 즐거워하며 욕쟁이 할머니의 집이 번성하기를 응원한다. 욕쟁이 할머니 집만의 고객 서비스가 통한 덕분이다. 이렇듯 모든 정·재계 리더는 국민이 만족할 만한 고객 서비스를 고민해야 할 것이다.

서비스 업계가 고객의 불만과 불평에 귀 기울이는 응대를 배워보자. 고객에게 만족을 주지 못할망정 잘해보라는 충고도 귀담아듣지 않는 주인에게는 아마 불평조차 아까울 것이다. 정치인도 마찬가지다. 국민이 하는 이야기를 무시한다면 국민 또한 정치인을 외면할 수밖에 없다.

도널드 트럼프가 세계 정치의 뜨거운 감자로 떠오른 것은 최근 몇 년이지만, 트럼프의 이미지 전략은 꽤 오래전으로 거슬러 올라간다. 그는 2013년부터 대선 출마 준비를 하며 충실한 국민 조사와 연구를 했다. 이를 통해 고객의 불만을 읽고, 그들의 니즈를 건드리며 결국은 국민의 반(50%) 이상을 자신의 고객으로 만들었다는 점을 알아야 한다.

정치인이 흔히 말하는 "여러분의 소중한 한 표"가 진정 소중하게 느껴지기를 바란다. 무엇보다 리더라는 브랜드가 잊지 말아야 할 것은 고객 서비스 정신이 아닐까 싶다.

0
6

꼰대입니까,
멘토입니까?

'꼰대'와 멘토는 두 가지 차이가 있다고 한다. 첫째는 '과거 이야기를 주로 하느냐, 미래에 대해 이야기하느냐'는 것이고, 둘째는 '자기가 하고 싶은 이야기를 하는가, 상대가 듣고 싶은 이야기를 하는가'이다. 결국, 꼰대와 멘토의 차이는 '공감대의 공유' 여부에 있는 게 아닐까 한다.

2016년 7월, 대선에 앞선 공화·민주 양당의 전당대회를 두루 참관하면서 새삼 이 생각이 났다. 그들이 어떻게 소통하고 전략을 만들어 공유하는지 확인해보기 위한 출장은 뜻깊었다. 200년 넘는 전통을 고수하면서도 전국적인 관심을 집중시키는 정치 행사답게 시대의 트렌드를 놓치지 않으려는 노력이 현장 곳곳에서 엿보였다.

특히 강한 이미지를 원하는 도널드 트럼프와 노련한 이미지를 부각하기 위한 힐러리 클린턴의 리더십 전쟁이 볼 만했다. 이들은 각각 왜 자신이 백악관의 주인이 되어야 하는지를 여러 전략으로 커뮤니케이션하며 공감대를 얻으려고 노력했다.

미국 전당대회 참관에서 개인적으로 얻은 가장 큰 소득은 역사적 인물들의 연설을 현장에서 생생하게 들으며 직접 느낀 것이다. 그중에서도 미셸 오바마의 연설과 버니 샌더스의 연설이 인상 깊었다.

특별히 샌더스의 연설이 감동적이었다. 스피치 기술이나 스타일이 훌륭해서가 아니다. 오로지 '미국의 미래'를 고민하며 자신만 돋보이려 하지 않고 스스로를 희생하며 화합을 이끌어내려는 진정성이 전해졌다. 누군가의 연설에 눈물을 훔치며 감동받은 것은 오래간만이었다. 진정한 멘토 역할을 하고 있는 타국의 정치 리더를 보며 그 부러움이 더해진 울컥함 말이다.

리더도 멘토형과 꼰대형이 존재한다. 미국 젊은이들에게 샌더스는 진정한 멘토고 리더다. 하지만 그는 민주당의 대선 후보가 되지는 못했다.

경선을 끝내는 연설에서 "이 가운데 가장 실망한 사람은 당사자인 저 자신"이라면서도 "힐러리와 내가 몇 가지 이슈에서 생각이 다른 것은 비밀이 아닙니다. 하지만 그게 바로 민주주의입니다. 힐러리는 뛰어난 대통령이 될 것이며 오늘 밤 그와 함께하는 것이 자랑스럽습니다"로 마무리했다. 그는 경선 결과에 깨끗이 승복했고 앞으로의 단합을 강조했다. 지지자들에게 솔직했고 그들의 이야기를 했고 미국의 미래를 이야기했다.

노련한 힐러리는 이런 샌더스의 멘토형 리더십을 자기화하는데 성공했다. 할머니와 어머니의 이미지를 부각시키며 약점을 보완할 수 있는 모성애적 리더십으로 경선에서 끝까지 각을 세웠던 샌더스를 과감히 끌어안았다. '내가 누군지 알아? 나 아니면 안 돼!' 하는 욕심을 숨기고 트럼프 흠집 내기로 화를 쏟아부으며 강인함을 드러냈다. 더구나 샌더스를 얻기 위해 좌클릭을 선언하며, 흔들리는 미국인들을 포용하기 위해 처음부터 끝까지 '우리'와 '함께'를 강조했다. 멘토형 리더로 서려는 그녀는 그렇게 샌더스 지지자들의 마음을 조금씩 열었다.

반면 그때까지 보수층 백인 남성들이 듣고 싶어 하는 이야기를 사이다처럼 쏟아내며 환호를 얻었던 트럼프는 비틀거리고 있었다. 전당대회에서 테드 크루즈와 폴 라이언 의장이 끝끝내 자신을 지지하지 않자, 그들에 대한 시원치 않은 응징들로 언론을 시끄럽게 하기도 했다. 뒤끝 있는 꼰대형 리더의 모습을 보였다. 그런 모습은 당내 집안싸움으로 비치며 지지층의 분열로까지 이어질 위험까지 풍겼다. 물론 이것이 대선에서 결정적인 변수는 되지 않았지만 말이다.

진정 다른 이의 마음을 사로잡기를 원한다면, 과거의 영광은 잠시 추억으로 남기시라.

바로 지금을 즐기며 함께 미래를 이야기할 수 있는 설렘을 주는 멘토가 되어볼 것을 권하고 싶다. 그러기 위해 "옛날에는" 이나 "그때는 말이야" 같은 말부터 삼가자. 당신도 여전히 지금 이 시대를 살아가는 청년이고, 앞으로도 그들과 같은 세대를 살아가야 할 친구이기 때문이다.

07

먼저 다가가서 들어주고
그들이 원하는 이야기를 하라

2017년 5월, 만으로 서른아홉 나이의 에마뉘엘 마크롱이 프랑스 대통령에 당선되었다. 이 소식을 접한 우리 중년들은 어떤 생각이 들었을까? 어려도 한참 어린 대통령에게, 젊음에 대해 어떤 두려움을 느끼지는 않았을까? 더구나 부인이 25세 연상이라는 생소한 뉴스에 더 많은 격세지감을 느낀 것은 아닐까? 내가 변하지 못하고 있는 것인지 세상이 더 빠르게 변하고 있는 것인지 알 수 없다. 왜 프랑스 국민들은 의석 하나 없는 신당의 젊은 애송이(먼 타국에서 보기엔)를 선택했을까?

프랑스 언론들은 이렇게 전한다. 분열된 사회를 통합하고 문화다원주의를 이루는 등의 변화 혁신을 원하는 국민의 마음을 읽고 낡은 이념의 틀을 벗어나 새로운 길을 가고자 했던 마크

롱의 승리라고 말이다.

잘 이해되지 않는 선택은 또 있다. 2016년 미국 대통령이 된 도널드 트럼프 역시 타국에 있는 우리로서는 선뜻 받아들이기 힘든 인물이었다. 노령에 막말을 일삼던 그는 대통령감으로는 적합지 않아 보였다. 그런데 왜 미국인들은 그런(?) 사람을 뽑았을까? 추측건대 경제 회복을 꿈꾸는 대다수 미국인이 미국 우선주의를 부르짖는 그에게서 희망과 애정을 느꼈을 듯하다. 나는 트럼프의 유세 현장을 직접 느끼며 그가 보여준 뜻밖의 배려하는 소통 방식에 놀랐다. 이런 마음은 인종을 넘어 통하는 점이 있었을 것이다. 짐작해보건대 프랑스 마크롱 대통령에게도 그런 소통 능력이 있지 않았을까?

트럼프는 대선 1년여 전부터 여론조사와 데이터 분석을 통해 바닥 민심을 읽고 지지층을 결정한 다음 그들이 원하는 것을 찾아 전략적으로 준비했다는 소문이 있다. 그의 연설을 듣다 보면 그 소문이 진실이지 않을까 하는 생각이 들 정도였다. 어쩌면 당연한 말이겠지만, 진짜 민심을 읽고 소신을 맞춰 밀고 가는 소통이라 할 수 있겠다. 그저 보이기 위한 것이거나 자신의 만족만을 위한 것이 아니라, 상대가 진짜 하고 싶은 이야기를 하도록 하고 그것을 마음으로 잘 들어주는 것. 방식이야 제 각각 다를 수 있겠지만, 유권자의 마음을 읽고 노력하는 모습을 몸으로 보여준 후보에게 관심을 보이고 결국 표까지 준 것 아니겠는가.

멀리 외국의 사례로 놀랄, 또 궁금할 겨를도 없이 우리나라 대선도 순식간에 지나갔다. 프리허그, 소셜네트워크 직접 소통, 뚜벅이 거리 유세, 가족들의 적극적 소통 등 과거와는 사뭇 다른 모습이었다. 다섯 후보 모두 더 적극적으로 '들어주는 소통'을 강조했다. 각자의 방식으로 유권자에게 다가가기를 시도했다. 뜨거운 장미 대선은 막을 내리고 새 정부가 들어섰고, 새 대통령이 청와대에 입성했다. 이후 대통령 내외의 파격적인 소통 리더십 방식이 세간의 화제가 되었다.

　먼저 다가가 소통하려 했던 대선 후보들은 우리 중년에게 관계를 위한 이 시대의 소통 방법에 대해 여운을 남긴다. 우리가 생각해왔고 기대해왔던 소통하는 리더의 모습은 과연 무엇이었나? 그 모습은 어쩌면 내 후배가 또 내 가족이, 바로 곁에 있는 우리에게 바라고 있는 모습이 아닐까?

　"난 원래 이래" "세상이 왜 이렇게 됐나" "내 말이 다 맞아. 아니면 말고" 등의 논조는 적어도 '소통하는 리더'에게는 어울리지 않는다. 이제는 귀를 열고 통 크게 들어주자. 맞는 말이면 고개를 끄덕여주고, 맞장구도 치고, 칭찬을 좀 해주자. 내 가족에게, 친구에게, 동료에게 좀 더 다가가 보자. 소통하려고 노력하는 모습을 보이는 순간 그들의 마음은 이미 열려 있다.

08

강력한 퍼스널 이미지는
팬덤을 만든다

취임 직후부터 이어진 문재인 대통령에 대한 인기는 조금은 특이한 모습이다. 팬덤 형성으로 이어지고 있다. 대통령이 즐겨 마시던 커피는 '문 블렌딩'으로 불티나게 팔렸다. 안경·등산복·넥타이·구두 등 대통령 관련 아이템은 품귀 현상을 보였다. 현직 대통령 책인 『문재인의 운명』이 베스트셀러 1위에 오른 것은 출판 사상 처음이라고 한다. 팬카페 '젠틀재인'에서 대통령은 가히 아이돌 연예인급이 되었다.

이유가 무얼까? 외모 덕분일까? 대통령의 인기 비결에서 외모가 영향을 끼치는 것도 사실인 듯하다. 미국의 순위 선정 전문 매체 '하티스트 헤즈 오브 스테이트'가 최근 내놓은 '전 세계 잘생긴 국가원수' 발표에서 문 대통령은 7위를 차지했다. 1위

자리에는 캐나다 총리 저스틴 트뤼도가 올랐다.

'메라비언 법칙'에 따르면, 누군가에게 호감을 느끼고 평가할 때 보이는 부분이 55%, 들리는 부분이 38%로, 비언어적 부분이 93%나 차지한다고 한다. 외모지상주의를 지지하는 것은 아니지만, 같은 조건이라면 외모를 무시하지는 못한다는 얘기다. 중년이 될수록 외모 관리에 관심을 가져야 하는 이유이기도 하다.

그러나 더 중요한 것은 외모보다 상대에 대한 문화적 호감도다. 사람들은 대부분 자신이 봤을 때 호감이 가는 사람에게 더 많은 점수를 준다. 그 호감은 익숙함에서 나온다. 대통령과 영부인의 모습은 우리네 부부와 많이 닮았다. 남편의 첫 출근길을 챙겨주는 부인의 다정함이나 부인에게 한없이 부족한 듯 행동하는 남편의 이미지를 대통령 브랜드를 통해서 본다. 반려동물과 함께하는 모습을 담은 소셜네트워크 사진 역시 익숙하고 진솔해 보인다. 집에서 보아왔거나 보고 싶던 이미지다.

그런데 억지로 만들어진 듯 왜곡되어 보이지 않는다. 그만의 세련됨으로 훨씬 더 증폭된다. 이것이 인터넷 소통 능력이 뛰어난 젊은 층을 중심으로 팬덤 현상으로 번진 것은 아닐까?

정치공학적 부분은 차치하더라도, 이런 현상은 리더들이 '호감'을 관리할 필요성에 대한 의미 있는 메시지를 남긴다. 외모 관리뿐 아니라, 진솔한 모습을 스스로 드러낼 수 있는 '나를 위한 관리'가 필요한 시대라는 것이다. 일상생활에서의 작은 변화가 당신을 유명인 아니면 악인으로 만들 수 있다면 어찌 고민이 필요하지 않겠는가?

유명인이 된다는 것은 한마디로 말해 '개인 브랜드'가 만들어진다는 것이다. 옛날에는 영웅들이 정치를 하는 경우가 많았다. 하지만 이제는 사람들의 마음속을 파고드는 매력적인 브랜드인 사람이 더 큰 영향력을 발휘하는 시대다.

이러한 '셀러브리티 파워'는 이미 정치 리더들에게 현실로 다가왔다. 자신의 이름을 어떻게 알릴 것인가에 대한 '개인 브랜드 전쟁'은 비단 정치인만의 영역이 아니다. 어느 분야에서든 더 치열해질 것이다. 각 분야에서 전문성을 인정받은 리더라면, 이 같은 시대 변화를 더 민감하게 느낄 것이다.

자신의 이름을 좀 더 오래 유지하며 널리 알리고 싶다면, '진정성 있는 나다운 브랜드 관리'를 해야 한다. 맨 먼저 당신을 돌아보라. 있는 그대로 자신의 콘텐츠를 드러낼 용기가 있는가? 어떤 모습이 가장 '나'다운지 말할 수 있는가? 호감은 시대와 세대를 읽으면서 자신의 강점을 가장 강하게 드러내는 사람에게 팬덤을 불러내는 요술 램프다.

09

포장지 안의
선물을 들여다보는 안목

"권력은 모세혈관 같은 것이어서 개별자에게 미치는 권력의 효과는 개인의 육체와 행동, 태도, 그들의 담화 그리고 학습 과정이나 일상생활의 구체적인 곳까지 미친다."(미셸 푸코)

최고지도자의 말과 행동이 곧 정책으로 반영되는 북한의 특수성을 고려해본다면, 2018년 4월 27일 남북정상회담에서 김정은 위원장이 회담에 임하는 행보가 세계 이슈가 된 것은 그리 이상한 일도 아니다. 미 정보 당국에서는 김정은의 말과 억양, 보디랭귀지 등에 대한 연구를 진행했고. 44분의 도보다리 산책 중 의자에 앉아 있던 30분간 김정은의 입 모양을 읽은 독순술 판독 대화록까지 나왔다고 한다.

나는 당일 SBS 남북정상회담 특별 생방송에 출연하여 행동 분석 전문가로 김정은 행동 분석을 실시간으로 진행했다. 결과적으로 남북정상회담은 이미지상 성공적이었다. 김 위원장 입장에서는 미치광이 이미지에서 세계 추세에 뒤떨어지지 않는 젊은 리더 이미지로 변신했고, 청와대의 세련된 준비가 더해져 외교 무대 데뷔는 성공적이었다.

그의 행동으로 몇 가지를 분석해보자면 '급하면서도 치밀하고 계획적인 리더'로 친밀감을 드러냈는데, 정상회담 내내 저자세는 아니었다. 그의 이미지 정치의 치밀함은 2012년 행보에서부터 확인할 수 있다. 아버지 김정일과는 다르게 후계 수업이 부족했던 김정은 위원장은 세습으로 얻은 권력의 정당성을 확보하며 탄탄한 입지를 구축하고, 선대와는 다른 자신만의 정책을 수립해야 할 필요성을 느꼈을 것이다.

강제 집권으로 정당성을 확보하지 못했던 권력은 상징 행위, 즉 이미지를 통해 의미성을 가지게 된다. 인민에게 상징의 정치는 폭력적이지 않은 형태로 드러나므로 더욱 성공적으로 받아들여진다. 인간은 불확실성의 공포에 대해 상징의 비이성적인 측면에 집착하기 쉬운 경향이 있기 때문이다. 상징의 이미지 정치가 대중에게 자연스럽게 흡수되는 이유 중 하나다. 김정은은 상징을 통한 정치화, 즉 권력 공고화를 위한 이미지 정치의 최고를 보여주고 있다.

김 위원장은 집권 초기 혁명적 상징 공간이자 정통성의 뿌리

백두산에서 백두 혈통의 세습 체제를 신화화하는 작업으로 권력 정통성 확보를 시도했고, 관광 산업 정책과 속도전 그리고 과학기술 우선 정책을 통해 엘리트들의 충성을 유도했다. 그뿐 아니라 애민적 지도자 이미지를 형성하려고 인민 경제에 신경 쓰는 지도자, '인민 편의 우선'이라는 내용의 새로운 시대어까지 내놓기도 했다. 2012년 등장한 모란봉악단은 직접 지도하여 창단한, 음악 정치의 상징이기도 하다.

정치 전문가들의 말에 따르면, 국가 권력의 권위는 정치의 기본 가치를 올바르게 지키는 능력에 근거를 둘 필요가 없고, 사회 구성원을 매혹하고 그들의 내면을 사로잡는 기술에 달려 있다고 한다. 정치는 상징을 선점하고 어떤 상징체계를 좀 더 많은 사람에게 부과하기 위한 투쟁이다. 이런 의미에서 정치적 상징은 압축된 형태로 특정한 의미를 생산하고 재강화하기도 하므로 김 위원장에게는 주요한 정치 수단일 수밖에 없다.

이것이 남북정상회담 이후 입증되었다. '김정은' 브랜드가 전 세계에 관심을 받는 '신드롬' 현상처럼 북한의 최고지도자에 대한 새로운 긍정적 관심이 생기는 듯 보였다. 우리나라에서 "다음 대통령은 김정은이 될지도 모르겠다"는 모 정치인의 막말(?)과 '판문점 평화 쇼'라는 용어가 나올 정도였다.

'쇼'라고 말하는 이벤트는 김정은 위원장의 상징 정치에 아주 걸맞는다. 그런데 정치인들의 쇼에 대해 우리가 비판만 할 것은 아니다. 각국 리더마다 필요한 정치 스타일을 인정하는 것도 필요하다. 또한 쇼를 통해 오해 없는 소통과 극적인 성과를 원한다면 부정적으로 받아들이지 않아도 된다. 다만, 우리 입장에서는 제대로 판단하고 읽을 줄 아는 것이 관건이다.

미국 대선 현장에 다녀오고 나서 그곳 정치판은 할리우드와 브로드웨이 이상의 '쇼'를 지향하고 있음을 체감했다. 물론 미국의 정치 쇼와 북한의 상징 정치는 분명히 다른 면이 많다. '정치 쇼'는 전달하고 싶은 메시지를 더 잘 드러나게 하기 위한 커뮤니케이션 수단으로서 강한 인상을 남기기 위해 한다. 예를 들면 선물 포장과 같다. 선물을 더 멋져 보이게 하려면 포장을 해야 한다. 선물에 대한 더 큰 관심을 끌어내고 다른 곳으로 시선을 빼앗기지 않은 채 오롯이 그 선물에만 집중할 수 있는 용도로 활용해야 한다. 그 안의 선물이 포장에 가려지거나 선물 자체가 허술해서도 안 된다. 포장과 선물이 조화와 균형을 이룰 때 '쇼'와 '이미지'의 효과가 극대화되는 것이다.

10

위기에 어떻게 맞서느냐가
이미지를 만든다

2018년 5월, 페이스북이 개인 정보 유출 파문으로 설립 이후 최고의 위기를 맞은 듯 보였다. 그동안 쌓아 올린 브랜드파워에 비해서 위기를 제대로 관리하지 못하는 것처럼 느껴졌다. 이 사건으로 회사 대표가 미 상원 청문회 출석까지 해야 하는 상황이 벌어졌다. 모든 언론의 눈길이 페이스북에 쏠렸다. 잘나가던 페이스북이 청문회 이후 기업의 존폐 위기라는 역경을 겪지는 않을지, 저커버그가 어떻게 이 위기를 극복할 수 있을지를 예의 주시했다. 하지만 청문회 이후 페이스북의 주가가 상승하는 믿기 어려운 상황이 전개되었다.

이런 뜻밖의 국면 전환에는 CEO 저커버그의 세련된 위기관리 능력이 큰 역할을 했다. 그의 태도와 역량으로 페이스북 위기는 진정세를 맞이한 듯하다. 저커버그가 청문회에 출석해서 보여준 모습은 주주와 대중에게 믿음을 증폭시켰다. 그런데 여기에서 철저히 준비된 각본과 리허설의 흔적을 엿볼 수 있다.

글로벌 PR 기업 버슨마스텔러 연구 결과에 따르면, 기업 평판의 50%는 CEO의 평판에 기인한다. 그런데 저커버그의 사례로 본다면 페이스북의 평판 99%가 CEO 평판에 기인했다고 해도 과언이 아니다. 이러한 그의 평상시 리더로서의 PI 관리는 할리우드식 평판 관리 모델에 근거해 철저히 관리되고 있음을 알 수 있다. 예를 들면 지명도를 구축해야 한다는 자각과 그에 관한 전문성 확대를 위해 기억에 오래 남는 이미지를 위한 메모리 락Memory Lock 활동들이 있다. 마크 저커버그는 철저히 관리된 사진과 글로벌 소셜네트워크 활동을 했고 긍정적 인지도를 높이기 위해 노력했다.

PI의 사전적 의미는 '최고경영자CEO의 이미지'로 기업체 사장에 초점을 맞춘 각종 마케팅 활동이다. 기업 이미지, 즉 기업 정체성을 흔히 CICorporate Identity라고 하는 것처럼 CEO의 이미지를 PI라 한다. 기업은 비용을 들여 회사 이미지를 관리하며 기업 이미지는 기업 가치에 상당한 영향을 끼친다. 그런데 기업 전체의 이미지를 결정하는 것은 CI만이 아니다. 그 기업의 경영자도 기업 이미지에 상당한 영향을 끼친다. 경우에 따라서는 경영자의 이미지가 회사 전체의 이미지를 좌우하기도 한다. 경영자의 이미지 전략은 특히 CEO의 대외 이미지를 제고하는 동시에 기업 가치를 올리는 윈윈 전략으로 통한다. 최근 기업들은 CEO를 브랜드로 인식하여 PI 또는 CEO 브랜드 정체성이라는 개념을 사용하면서 경영자에 대한 이미지 관리를 강조한다.

오래전 저커버그가 페이스북에 "두 달간의 육아휴직이 끝나고 회사에 복귀하는 첫날입니다. 뭘 입어야 할까요?"라는 메시지와 함께 직접 올렸던 사진은 전 세계의 뉴스가 되었다. 54조 원의 자산을 가진 젊은 부자의 옷장에는 똑같은 회색 티셔츠 아홉 장과 진회색 후드 집업 여섯 벌이 걸려 있었기 때문이다. 늘 회색 티셔츠에 청바지를 입는 것으로 유명한 그는 "페이스북의 서비스를 높이기 위한 것 외에는 결정해야 할 사항을 줄이고 싶기 때문"이라고 똑같은 옷을 입고 다니는 이유를 밝힌 바 있다. 이 또한 철저히 관리된 PI 중 하나로 기억에 오래 남는 이미지 메모리 락 활동이라 볼 수 있다.

그런 그가 청문회 때는 평소 입던 캐주얼 차림이 아닌 깔끔한 정장을 입었다. 절제된 미소와 부드러운 표정을 담은 주눅 들지 않는 자세와 똑 부러지는 스피치로 질문에 대응했다. "아임 소리 슈트I'm sorry suit"라는 말이 나올 정도로 그의 옷차림과 태도는 정중했다. 이뿐만이 아니었다. '모두 내 책임'이라고 인정하는 모습을 보였다. 이는 미국 청문회장에서 보기 힘든 장면이다. 그 결과 청문회의 분위기가 달라졌다.

여기서 유심히 볼 디테일이 하나 있다. 저커버그가 깔고 앉은 10cm 이상 높이의 쿠션이다. 이는 눈높이를 높이고 상대적으로 커 보이기 위해 준비한 것이다. 키가 작은 그가 의회에서 기죽지 않으려고 준비한 장치의 하나다. 이렇듯 바른 자세와 눈높이 맞춤을 통해 자신감과 정당함까지 살리며 비판 여론을 잠재웠다는 평가를 받는다.

그런데 우리나라에서는, 특히 정치권의 청문회에서는 치밀하게 준비하는 태도가 오히려 혹독한 비난의 대상이 되기도 한다.

2011년 8월, 대한민국 국회에서 검찰총장 후보자에 대한 인사청문회가 열렸다. 나는 평소 대검찰청 홍보 자문위원으로 일하던 인연으로 후보자의 인사청문회를 앞두고 총체적인 컨설팅을 맡게 되었다. 인사청문회는 비교적 잘 마무리되었지만 청문회에 나선 야당 의원들로부터 따가운 눈총을 받은 바 있다. 당시 언론에는 이런 기사들까지 등장했다.

"각본 있는 청문회, 청문회 교육 시대. 말투부터 실전연습까지!"

"○○ 검찰총장 후보자 컨설팅 회사 불러 청문회 대비 리허설 했다."

"소위 카게무샤인 대역까지 동원해 청문회 리허설 진행, 사비 들여 청문회 리허설."

"야당 '컨설팅사 대역까지 동원'으로 비판."

"'결정적 한 방' 없었던 검찰총장 청문회, 대역 둔 사전 리허설 화제."

특히 당시 민주당 원내대표는 청문회 리허설 과정에서 법사위원인 모 의원의 대역을 내가 소화한 것을 두고 "'카게무샤'까지 동원했다"고 언급했다. 이로 인해 평소 알고 지내던 기자들로부터 전화가 쇄도하기도 했었다. 청문회 같은 민감한 컨설팅을 진행할 때는 보안이 생명과 같다. 그래서 매우 난처한 상황이 돼버렸다. 청문회 준비 과정이 정치 이슈로 변질된 것이다. 마치 청문회 컨설팅이나 리허설 자체가 부적절한 것 같은 인상을 주었다. 미국의 페이스북 청문회 장면을 보면서 이때가 생각나 안타까운 느낌이 두 배로 들었다.

청문회를 처음 겪는 후보자 대부분은 청문회장에서 난생처음 수많은 카메라와 조명 세례를 받는다. 국회의원들은 저돌적인 공격수로 돌변한다. 낯선 환경에서 후보자들은 평소와 달리 긴장하고 당황한다. 그래서 본인의 당당한 소신과 입장을 개진하기 어려워진다.

이 상황에 대비해 청문회 리허설은 최대한 현장 분위기와 흡사하게 준비한다. 진행 시간까지 정확히 맞춘다. 그런데 이것은 사실을 감추고 포장하기 위한 연습이 아니다. 자신이 가진 장점을 있는 그대로 표현하고 자연인으로서, 또 한 조직의 예비 리더로서 이미지 손상을 최소화하려는 노력이다.

내가 이미지 전략가로서 청문회 컨설팅을 준비할 때 목표는 엄밀히 말하면 의뢰인의 이미지가 가급적 손상되지 않도록 돕기 위한 전략을 세우는 일이다. 요즘처럼 사생활을 낱낱이 추궁당하는 청문회 분위기에서 후보자들은 철저한 검증이라는 이름 아래 심각한 이미지 실추를 감수한다. 물론 고위 공직자로서 엄격한 신상 관리는 기본이다. 다만, 상처받고 찢긴 리더의 모습으로는 향후 청문회를 통과한 뒤에라도 조직 내부 구성원으로부터 리더에 대한 충분한 존중감을 이끌어내기 어려우므로 이에 대한 대비가 요구되는 것이다.

앞으로 저커버그의 청문회는 매우 좋은 사례가 될 것이다. 준비된 리더와 세련된 청문회 준비 과정은 우리가 배워야 할 점이 아닌가 싶다. 대중은 그동안의 저커버그의 태도와 몸짓, 스토리 등의 이미지에서 그만의 카리스마를 느껴왔다. 이러한 일련의 장기적인 과정들을 거쳐 결국 '저커버그'라는 매력적인 브랜드로서 자리 잡았고, 결국에는 대중에게 설득력을 발휘하고 신뢰와 확신을 준 것이다.

커뮤니케이션 세상에서 리더라는 브랜드를 극대화시키는 것은 중요한 성공 비밀 중 하나다. 히긴스 박사가 시골 처녀를 아름다운 귀부인으로 변신시킨 과거와 달리 이제는 명성에 걸맞은 평판 관리를 위해 더욱 정교하고 과학적인 프로세스를 밟아야 한다. 무엇보다 리더 자신이 좋은 브랜드가 되어야 한다는 것을 인정해야 한다.

2장

리더의
개인 브랜드 전략

리더의 브랜드는
세상을 리드하는
코드를 만든다

0
1

최고 리더들의
개인 브랜드 전쟁

2018년 4월 27일 남북정상회담과 그해 6월 12일 싱가포르 북미
정상회담은 역사적인 사건으로 세계적 평화 이슈의 이벤트였다.
나는 두 차례 정상회담에서 보여준 정상들의 비언어 커뮤니케이
션을 분석해 그들이 회담에 임하는 태도뿐 아니라 행동 분석을
통해 숨은 전략을 찾아 키워드로 분석하는 일을 맡았다.

　제일 먼저 1차 남북정상회담 때 SBS와 이러한 취지의 코너를
진행했다. 그 이후 북미정상회담 특별 생방송에서는 5회 차로
편성된 '회담 가이드'라는 코너를 박현석 기자와 함께 진행했
다. 또한 8시 뉴스에서 인터뷰를 했고 두 정상이 헤어진 후에
는 그날 하루 동안 있었던 일을 주요 키워드로 풀어 이야기하
는 토크 프로그램에 패널로 참여했다. 이때 비하인드 스토리를

다룬 보너스 컷 코너는 '화제의 1분'으로 꼽힐 만큼 관심을 끌었다. 두 정상의 세밀한 행동 분석을 통한 그들의 이미지 관리 이야기가 시청자들에게 차별화된 포인트로 느껴진 듯하다.

정치인들의 비언어 커뮤니케이션 관리는 해외에서는 오래전부터 중요하게 다루던 어젠다다. 케네디와 닉슨의 TV 토론 이후 정치인들은 본격적으로 이미지 관리를 하기 시작했다. 정치인들은 그 어떤 영역의 사람들보다 비언어를 효과적으로 활용한다. 표정, 손동작, 걸음걸이, 복장, 스피치 스타일까지 유권자들에게 영향을 끼칠 만한 모든 부분에 신경을 쓰는 것이다.

우리도 익히 알듯이, 이제 말만 잘해서는 유권자들의 지지를 받기 힘들다. 게다가 그들은 정치인이라는 하나의 부류 속에서도 자신만의 개성을 보여주어야 한다.

역사적으로 볼 때 대중 앞에 가장 먼저 모습을 드러낸 사람은 정치인이었다. 대중의 인기를 먹고사는 직업, 어찌 보면 연예인보다 더욱 절박한 사람들이 바로 정치인이다. 그래서 이들의 이미지 관리는 필수였다. 정치인들은 대중의 인기를 바탕으로 표를 얻으므로 강한 리더십을 보여줘야 하고 자신만의 색깔을 일관되게 전달해야 한다. 그래서 정치인들은 연습과 훈련, 때로는 경험을 통해 다양한 동작을 몸에 익힌다. 특히 대중적인 TV 연설이 일찌감치 자리 잡은 서구 정치권에서는 정치인의 비언어, 특히 보디랭귀지가 승리의 핵심 전략이다.

정치인들의 제스처

로마 공화정 말기의 정치가이자 장군인 율리우스 카이사르는 셰익스피어를 비롯한 후세의 많은 문인이 즐겨 다룰 만큼 서양 사에 큰 영향을 끼친 사람 중 한 명이다. 그가 구축한 이미지 는 '인자함'이었다. 카이사르가 실제로 인정이 많았는지, 아니 면 단순한 정책 의도에 의해 만들어낸 이미지인지는 여러 의견 이 있다. 하지만 어떻든 간에 융화적인 자세가 세력권을 늘리 는 데 도움이 된 것은 사실이다. 그는 군인이었고 급속도로 확 장된 영토를 다스리려면 인간적 매력이 있어야 했다. 그의 전략 은 맞아떨어졌으며, 리더답게 웅변술 또한 뛰어나서 인심을 모 으기에 부족함이 없었다.

미국 역사상 인기 있는 대통령 중 한 명인 케네디 대통령은 제스처를 잘 활용한 대표 정치가로 꼽히며 빌 클린턴 역시 케 네디처럼 바깥으로 향하는 손동작을 많이 활용했다. 떠들썩 한 스캔들에도 불구하고 엄청난 대중적 인기를 누렸던 빌 클린 턴 전 대통령은 안경 너머로 시선을 던져 상대를 지켜보곤 했 는데, (하물며 노안 때문이었더라도) 그런 눈빛을 받은 상대는 자기 도 모르게 클린턴의 눈에 집중할 수밖에 없었다. 구소련에 맞 서 스타워즈 계획까지 내세웠던 로널드 레이건 전 대통령은 단 호하고 큼직한 걸음걸이에 팔을 크게 휘젓는 동작을 자주 보여 자신이 만만치 않은 상대라는 인상을 심어주려 애썼다. 주위 에 따르던 측근들이 그를 다급히 쫓아가느라 쩔쩔매는 모습을 보인 것만으로도 성공적인 연출이었다. 조지 부시 전 대통령은 영국의 토니 블레어 전 총리를 만나 걷는 순간 자신이 보디빌더라도 되는 양 양팔을 힘차게 휘두르며 걸었다. 이에 비해 블레어 전 총리는 무심코 두 손을 바지 주머니에 찔러 넣은 채 걷고 말았다. 미국이 이라크 전쟁을 수행하는 과정에서 '부시의 푸들'로 불리기까지 추락한 블레어의 이미지는 이런 순간까지 더해지면서 더욱 큰 오명을 뒤집어쓰지 않았을까?

김정은 VS 트럼프 이미지 전쟁

싱가포르 북미정상회담에서의 김정은 위원장과 트럼프 대통령 행동도 이러한 정치적인 의미로 분석해보면 흥미로운 부분이 많다. 만남 직전 모습부터 두 정상 모두 무표정한 모습이었다. 일부러 표정 관리를 하는 듯 보였다. 협상의 기본은 내가 가지고 있는 패를 보여주지 않는 것이다. 특히 두 정상은 언론에 보여주고 싶지 않은 듯 보였다.

　김정은 위원장이 노트북과 안경을 들고 직접 차 문을 열고 내리는 모습이나, 트럼프 대통령의 노 스마일은 회담에 진지하게 임하고 있다는 것을 보여주기 위함으로 풀이된다. 트럼프 대통령은 김 위원장과는 다르게 수행원이 차 문을 열어줄 때까지 일단 기다렸고, 차에서 내려서도 카메라를 의식하고 더 진지한 표정을 연기하듯 했다. 잠시 뒤에는 서프라이즈에 대한 기대를 하게 하는 표정을 지었다.

두 정상의 악수는 세기의 악수라고 할 만큼 의미가 있었는데 첫 만남 때 트럼프가 호스트, 그러니까 손님을 맞이하는 듯한 장면이었다. 악수에도 위아래가 있어서 서열이 높은 사람이 먼저 청할 수 있다. 트럼프는 호스트답게 먼저 청했고 전반적으로 '친밀하지만 더 권위적인 악수'를 했으며, 김정은 위원장은 올려다보지 않기 위해 노력하는 듯한 모습이 눈에 띄었다.

동물의 세계에서와 마찬가지로 사람 역시 큰 사람이 더 권위가 있어 보인다는 이미지적 편견이 있다. 그래서 20cm 이상의 키 차이(트럼프 190cm, 김정은 168cm 추정)로 시선을 맞추려면 트럼프 대통령은 위에서 내려다보고 김정은 위원장은 아래에서 올려다보게 되는데, 김 위원장 입장에서는 올려다보는 장면을 연출하고 싶지 않았을 것이다. 그런 모습은 복종의 의미로 비칠 수 있고, 트럼프 대통령이 더 권위 있어 보이는 모습을 드러낼 수 있기 때문이다.

북미정상회담 전 평양에서 김정은 위원장이 마이크 폼페이오 미 국무장관과 만날 때 모습도 마찬가지였다. 폼페이오 장관의 키가 180cm인데 서로 키 차이가 났다. 김정은 위원장은 눈을 맞추지 못하더라도 고개를 들지 않고 그대로 유지했다. 장관의 가슴 부위에 시선을 처리했다. 폼페이오 장관 역시 김정은 위원장을 내려다보는 모습을 보이지 않으려 배려해주는 모습을 보였다.

권위적인 악수란 김 위원장의 팔뚝 부분을 만지는 것을 말하는데, 일반적으로 글로벌 악수는 오른손으로 한다. 나머지 맞잡지 않은 왼손을 악수하는 오른손 위로 덮기도 한다. 하지만 이 악수는 리더에게만 허용된다. 그래서 일명 리더의 악수라고도 한다. 1차 남북정상회담에서 문재인 대통령이 우리나라 군사분계선 북쪽으로 깜짝 월경했을 때 김정은 위원장이 문재인 대통령에게 왼손을 얹는 악수를 했었다. 이것은 자신이 우위에 있다는 점을 보여주고 싶은 데서 비롯된 행동이라 볼 수 있다. 물론 남측에서는 이 악수를 하지 않아서 문 대통령을 배려하는 모습을 확인할 수 있었다.

이렇듯 김정은과 트럼프 두 정상은 일반적으로 악수하고 있는 손을 덮는 형태를 자주 취했다. 양손으로 상대의 손을 감싸거나 팔꿈치, 어깨를 터치하는 것은 전형적인 강화 악수로 정치인 악수다. 특히 왼손이 위로 올라갈수록 더 권위적인 악수라 할 수 있다. 영국의 사회심리학자 피터 콜릿에 의하면, 이러한 악수의 형태는 좀 더 열광적이거나 친밀하게 악수를 나누고 싶은 상황에 나타난다. 또한 무의식적으로 신체 접촉의 부위를 늘려 '호감적 통제'를 한다.

악수의 형태 외에도 상대의 등을 가볍게 누르는 장면도 자주 볼 수 있었다. 이는 가벼운 포옹이라 할 수 있다. 자신의 팔 안에 상대가 들어오게 되므로 '당신은 나의 영역 안에 있습니다'라는 의미를 내포하여 상대를 보살핀다는 뜻을 전달한다.

물론 트럼프가 권위적이라 해도 친밀감을 표시했다고 볼 수 있다. 팔뚝을 잡는 것은 서로 친밀한 관계를 유지하고 싶을 때 보이는 모습이기 때문이다. 그래서 호객 행위 때 가장 많이 쓰이는 접촉이다. 상대의 팔뚝을 만졌을 때 친밀함을 느끼게 된다는 연구 결과도 있는데, 일반적으로 영업이나 협상 시 많이 활용하는 보디랭귀지 스킬이기도 하다. 그 스킨십이 어색하지 않게 되면 좀 더 빠른 시간에 서로 친밀해진다.

또한 북미정상회담 때의 악수를 보면 트럼프 대통령의 배려하는 모습을 확인할 수 있다. 몸을 앞으로 내밀고, 김 위원장에게 가까이 다가가려는 듯한 몸짓과 악수를 청할 때 손등을 밑으로 해서 김 위원장의 손이 덮을 수 있도록 해 그의 권위를 지켜주는 듯한 장면이 보였다.

악수를 나누고 나서 바로 실내로 이동해서 앉았는데, 키 차이가 부담스러웠는지 두 정상은 앉아서 회담 인사를 나누었다. 김정은 위원장 입장에서는 위로 올려다보는 모습을 연출하고 싶지 않았을 것이다. 이것은 미국 측이 북측을 많이 배려한 의전이라는 생각이 든다. 물론 싱가포르가 더운 나라여서 외부보다는 시원한 실내를 선택했을 수도 있다.

거짓말을 하지 않는 것이 발인데, 두 정상이 서명식을 마치고 다시 기념 촬영을 하러 나왔을 당시 김정은 위원장이 악수를 할 때 발과 다리는 이미 출입문으로 돌아가 있었다. 자리를 뜨겠다는 의지를 보인 것 같다. 그리고 실제로 트럼프 대통령만 남겨놓고 발걸음을 옮겼다.

사람의 몸 중에서 가장 거짓말을 하지 못하는 부위가 눈의 동공과 뇌에서 가장 먼 발끝이다. 지금까지 체계적이고 단계적으로 상징 정치를 보여주었던 김 위원장은 싱가포르 회담이 자신이 주목받는 자리가 아님을 알았다는 듯, 트럼프 대통령에게 쇼 타임을 즐기라는 듯 바통을 넘기는 마음을 드러냈다. 평소처럼 자신의 이야기가 끝나면 먼저 일어나기도 하는 등 성격이 급한 면도 드러났다. 또한 반나절을 보내보니 '이제 트럼프 당신을 파악한 것 같아서 좀 편하기도 하고, 덥고 긴장이 풀린 데다 내볼일은 다 봤으니 이제 나는 가보겠다'라는 심정을 발이 먼저 이야기해주듯 했다. 실무적인 느낌까지 읽어낼 수 있는 모습이다.

　이후 공동합의문 내용이 알려지면서 미국 언론을 중심으로 "별로 새로울 게 없다"는 비판이 나왔다. 그래서인지 트럼프는 기자 회견 때 하나하나 자세히 설명을 해주는 느낌이었다. 전 정부와는 다르게 단계별로 이행하겠다는 자신감을 보이며 자신의 업적을 다져가는 인상을 주었다. 더 길게 보면, 전반적인 비언어의 느낌상으로는 노벨 평화상까지 염두에 두고 핵심 어젠다를 차분하게 전 세계 언론에 알리려는 모습이 엿보였다.

남북미 세 리더의 정치 지도자상
리더라면 누구에게나 남에게 보이는 지도자상, 다시 말해 지도자로서의 이미지가 존재한다.
　국가를 이끄는 최고지도자로서 남북미 세 리더십 이미지는 어떨까? 부드러운 문재인 대통령의 반대편에 김정은 위원장과 트럼프 대통령이 있다. 그런 점에서 두 사람의 리더십 스타일에는 공통점이 보인다.

문 대통령은 2018년 3차 남북정상회담을 통해 '한반도 운전자'라는 말을 다시 떠올리게 했다. 국제 사회에 비친 문 대통령의 면모는 이런 별명에 걸맞게 북한과 미국의 대화를 이끌어내는 소통의 리더십이 있는 정치 지도자였다.

예를 들면 김정은 위원장에게 먼저 손을 내밀면서 자신보다 앞세웠고 도널드 트럼프 대통령에게 몸을 더 기울이는 자연스러운 모습으로 편안하고 부드러운 소통형 비언어 커뮤니케이션을 보여주었다.

반면 김정은 위원장과 트럼프 대통령은 '대장 리더십'과 '배짱 리더십'의 이미지를 표출한다. 이 두 지도자는 열정적이고 도전적인 스타일이 강하다. 그래서 조직원들이 행동을 예측하기 힘들어 보일 때도 있으며 톱다운 형식의 리더십을 발휘한다.

흔히 리더십 이미지를 네 가지로 나누곤 한다. 첫째, 부드러운 소통형—유柔, 둘째, 치밀한 분석형—밀密, 셋째, 도전적인 실행형—열熱, 넷째, 유머러스한 스타일—락樂이다.

이 기준으로 보면 김정은과 도널드 트럼프는 열정적이고 도전적인 실행형이라는 점에서 서로 비슷하다. 그러나 실제로는 아주 미묘한 차이가 있다.

트럼프 대통령에게 북미정상회담을 열자고 제안했던 김정은 위원장은 과거 북한의 지도자들에 비해 굉장히 도전적인 동시에 돌발적으로 보이는 언행을 나타내곤 했다. 하지만 시간이 지나고 보면 그 언행 하나하나에 치밀한 전략을 담고 있었음을 알 수 있다. 그런 면에서 김정은 위원장은 치밀한 실행을 우선시하는 '전략적인 대장' 스타일로 보인다.

트럼프 대통령은 김정은 위원장과 거의 비슷한데, 특별히 다른 점이 있다면 다른 리더들에 비해 유쾌한 면이 조금 더 강하다는 것이다.

대중에게 익숙한 보통의 리더들은 열熱과 밀密이 강하며 대부분은 유머러스함, 즉 락樂이 강하지 않다. 그래서 도전적인 열熱과 유머러스한 락樂이 강하게 어우러진 도널드 트럼프는 '괴짜'나 '배짱형 리더' 이미지를 강하게 내뿜는 것이다.

리더들 중 이미지 관리를 정치인이나 하는 것이라든가 겉치레에 신경 쓰는 작업이라고 오해하는 사람이 적지 않다. 하지만 자신의 실체를 드러내는 것이 이미지 관리 작업이듯, 사람의 이미지란 외향의 변화를 통해 얻어지는 것이 결코 아니다. 따라서 자신이 원하는 이미지를 구축하려면 먼저 스스로가 어떤 사람인지 알아야 한다. 그다음 원하는 이미지를 상정하고 그에 맞는 변화를 주어야 한다. 이것이 근본적인 변화가 되려면 외모만 바꾸어서는 안 되며, 자신이 사용하는 비언어를 파악하고 바꾸는 것이 매우 중요하다.

마음먹기에 따라 행동이 달라지듯, 행동을 바꾸면 마음도 달라질 수 있다. 만날수록 다시 보고 싶은 사람들은 나름의 매력이 있다. 이들은 의도했든 의도하지 않았든 상대에게 긍정적인 영향을 끼치는 비언어를 사용한다. 차별적이고 돋보이며 긍정적인 비언어를 통해 상대에 대한 호감과 배려하는 마음을 표현하므로 매력으로 발전하는 것이다.

그런데 그런 매력적인 이미지가 실상은 본질을 감추는 수단으로 활용될 가능성이 있다는 점은 항상 유감스럽다. 하지만 PI 실행에서는 매우 중요한 수단이기에 그저 감추기 위한 것으로만 활용할 수 없다. 그러다가는 위기관리 때 어려움을 겪는다. 몸은 말보다 더 많은 이야기를 전하기 때문이다.

0
2
정치의 꽃은
개인 브랜드 만들기

2016년 미국 대선에 대해 《뉴욕타임스》는 "이번 대선으로 전 세계에서 '미국 브랜드'가 큰 타격을 입었다"고 썼다. "8년 전인 2008년 대선에서 흑인 대통령을 선출하면서 인종 차별의 역사와 상처를 극복했다는 찬사를 받았던 미국이 이번에는 추악한 정치 속살을 만천하에 드러냈다"면서 "미국을 세계의 조롱거리로 만들어 미국 자체가 이번 대선의 최대 패자"라며 한탄했다.

2016년 미국 대선은 누가 덜 비호감인지를 고민해야 하는 선거였다. 그만큼 도널드 트럼프와 힐러리 클린턴 후보의 부정적 이슈들(이메일 스캔들, 성추행, 막말, 흑색선전, 선거 조작 의혹 등)을 두고 전 세계가 호의적이지 않았던 것 또한 사실이다. 특히 트럼프 지지율이 7%로 아시아 6개국 중 가장 낮았던 우리나라에서는 도널드 트럼프 미국 대선 공화당 후보에 대한 부정적 인식이 매우 강했다. "도덕적으로 대통령에 부적합하다" "분열을 초래한다" 등의 의견이 지배적이었다.

그런데 지금까지 전 세계 대선에서는 흑색선전이 없었던 적이 없다. 솔직히 그만큼 효과적인 선거 전략이 없었던 것도 사실이다. 캐나다의 철학자 앤드류 포터는 그의 저서 『진정성이라는 거짓말』에서 정치인의 입장을 뒷받침하는 옹호의 메시지나 다른 입장을 비교하는 대조의 메시지보다도 상대방의 입장이나 성격을 직설적으로 비난하는 비방의 메시지가 정치 선전을 담는 메시지 중 가장 강력하다고 역설했다.

이는 동양의 공자 철학과는 확연히 다른 측면이 있어 개인적으로는 아쉽다. 하지만 미국의 트럼프 캠프가 선택한 '거친 전략' 덕분에 공화당의 아웃사이더인 기업가 출신 트럼프 후보가 민주당의 기대주 힐러리와 막판까지 1~2%p 차이로 초접전 지지율로 싸우다가 역전 드라마를 연출할 수 있었던 것이 아니겠는가. 주류 정치인들에게 실망한 층이 고립주의와 보호무역 정책에 대해 긍정적으로 생각하던 트럼프에게 거는 기대가 모였고 지지자들 스스로 일어나게 하는 팬심을 견고하게 하고 더 결집시킬 수 있었다.

흥미로운 점은 국민이 정치인을 직접 만나보고 지지하는 경우가 없다는 사실이다. 정치인이 수백만, 수천만, 수억의 국민에게 자신의 본 모습을 보여주기란 불가능하다. 그래서 그들의

말 한마디, 글 한 줄, 언론 속의 사진 한 장, 기사 한 건 등 각
종 매체로 전해지는 모든 것으로 국민이 판단한다. 눈에 보이
고 귀에 들리고 마음에 느껴지는 모습으로 정치인을 판단하며
이미지를 구성한다. 즉 그 속에서 전달되는 신념, 감정, 능력,
자질, 역할, 성격, 경력 등에 대한 국민의 종합 평가가 바로 '정
치인 이미지'라는 것이다. 정치인 이미지는 미국의 정치에서 그
렇듯 그 중요성이 갈수록 커지고 있다.

정치인의 이미지 구성 요소와 전략

정치인의 이미지를 구성하는 요소는 사람(인물), 시대정신(이슈),
정당으로 간단히 살펴볼 수 있을 것이다.

맨 먼저 '인물'은 그 사람의 정치 능력과 개성(내적·외적), 리더
십이 하나로 엮어져 형성된다. 정치 능력이야말로 정치인 이미
지의 필수 요인으로 꼽힌다. 쉽게 말해 정치, 즉 나라를 다스
리고 국가의 권력을 획득하고 유지하며, 국민이 인간다운 삶을
영위하도록 상호 간의 이해를 조정하며, 사회 질서를 바로잡는
역할을 잘해야 함을 의미한다. 또 정치인으로서의 자질과 여러
경험이 포함된 차원으로 해석되기에 다른 요소로 호감 이미지
를 구축했다 하더라도 능력이 없는 사람은 결과적으로 좋은 이
미지로 기억되기 힘들다. 능력 없는 정치인을 우리를 대신할 지
도자로 선택할 리는 만무하다. 따라서 가장 중요한 요소다.

정치인의 '개성'은 다른 사람과 구별되는 고유의 특징으로

내·외적으로 살펴볼 수 있다. 내적인 특성은 '도덕성'을 의미하는데, 도덕적 품성은 다른 요소보다 국민의 감정을 크게 좌우할 수 있는 요소다. 정치인에 대한 부정적 인식이 광범위하게 형성된 이유는 청렴결백을 주장한 이들조차 비리에 연루되어 국민의 불신이 커졌기 때문일 것이다. 그리고 자신의 이익을 위해 수단과 방법을 가리지 않는 부패한 정신의 정치인이 난무하고 비리가 비일비재하게 벌어지는 정치판에 이골이 난 탓이 아닐까? 도덕성에 부정적인 이미지가 각인되면 다시 호감 이미지로의 변화가 어려우며, 그 이미지의 여파도 오래간다.

외적인 특성은 이미지를 형성하는 근본 요인이다. 이를테면 젠틀한 이미지, 믿음직스러운 이미지, 우유부단한 이미지, 소박한 이미지 등을 말하는데 이는 내면적 요인과 정치력, 리더십과 함께 잘 어우러질 때 시너지 효과를 내는 긍정적인 이미지로 구축할 수 있다.

이 외적인 특성을 이루는 요소는 이미지 전략의 핵심 요소이기도 하다. 바로 외모Appearance, 태도Behavior, 소통Communication으로 옷차림, 헤어스타일, 메이크업 등의 시각적 요소, 시선 처리, 자세, 인사, 매너 등의 보디랭귀지 같은 행동 스타일, 경청, 스피치, 화법 등의 커뮤니케이션 스킬까지 아우른다.

다음은 어떤 목표를 향해 남을 이끌어갈 수 있는 능력인 리더십이다. 국민이 공감하며 따르는 지도력까지 겸비했을 때 인물 자체의 이미지를 구성하게 된다.

정치인 이미지를 구성하는 두 번째 요소는 시대정신(이슈)이다. 쉽게 말해 '어떤 공약을 내세우는가'로 말할 수 있는데, 이 요소의 중요성은 역대 대선에서의 대통령 당선 결과로 증명된다. 국민이 원하는, 시대가 필요로 하는 이미지를 갖고 있거나 그러한 구호를 내건 후보들이 결국 승리할 수 있었다는 것이다. 정치 전문 기자 김광덕은 "김대중 전 대통령은 IMF 외환금융 위기 속에서 평화적 정권 교체 구호를 내세웠으며, 노무현 전 대통령은 정치 개혁을 비전으로 삼아 기득권층을 개혁할 수 있는 평범한 지도자로서의 서민 이미지를 형성했다. 이명박 전 대통령은 경제를 살릴 수 있는 CEO 이미지를 구축했다. 박근혜 전 대통령은 MB 정부 당시 원칙이 많이 흔들리는 것으로 비치자 소신과 원칙의 정치인 이미지를 내세워 대권을 잡을 수 있었다"고 평가했다. 국민은 이처럼 정치인이 내세우는 이슈가 진짜 수행될 수 있는지, 시대 상황에 관련된 문제를 적정하게 대응할 수 있는지, 공약이 어느 한쪽으로 치우치지 않고 공정한지 등을 판단하여 정치인의 이미지를 머릿속에 심게 된다.

정치인 이미지를 형성하는 마지막 요소는 '정당'이다. 정당이 내세우는 통치 철학이 얼마나 건전하며 그 가치를 국민에게 인정받을 수 있는지, 그 기능은 우수한지, 정당을 구성하는 인물은 훌륭한지 등이 중요 요인이다. 또한 정당의 정책이 얼마나 국민에게 지지받을 수 있는지, 국민의 바람·기대·부족을 채워줄 정책을 얼마나 잘 개발할 수 있느냐까지도 정치인 이미지 구성에 한몫한다.

이미지 정치를 '쇼' '거짓' '메이킹'이라고 생각하는 경우가 많다. 정치인이 이미지 관리를 하는 것을 국민을 현혹하는 수단으로 바라보는 이들의 의견이다. 하지만 정치인의 정치 신념이나 윤리, 추진하고자 하는 정책 같은 부분이 오해 없이 정확하게 국민에게 전달되려면 '이미지'를 전략적으로 관리해야 한다.

정치인 옆에서 컨설턴트로서 조언을 하고 있는 나 또한 그들에게 '연기'를 주문하지 않으며 없는 것을 억지로 만들어내라고 하지 않는다. 찾지 못했거나 잊고 있었던 강점들을 발견하고, 이미지 분석을 통해 전략적으로 그 사람만의 브랜드를 구축하는 과정이 있을 뿐이다. 진정한 이미지 메이킹은 이미지를 만들지 않는 것임을 다시 한번 강조한다. 좋은 정치인처럼 보이는 사람을 뽑는 게 아니라 실제로 좋은 브랜드 가치를 가진 정치인을 뽑아야 하는 것이 유권자들에게도 중요한 숙제다.

0
3

진정성이 있어야
진짜 이미지 정치

나는 2016년 2월 미국 대선의 시작을 알리는 아이오와 코커스와 뉴햄프셔 프라이머리 현장을 방문했다. 그곳에서 공화, 민주 양당의 경선 후보들을 직접 만나 이야기를 나누었으며, 대회 현장의 분위기를 생생하게 확인했다. 나는 전문가라면 무엇보다 '사실fact'을 제대로 알고 이해하는 것을 원칙으로 삼아야하며, 이것이 진정성의 기본이라는 소신을 가지고 있다. 현장에서 직접 보고 듣고 느끼려 애쓴다. 그래서 그해 7월 18일부터 11일간 미국 오하이오주 클리블랜드와 펜실베이니아주 필라델피아에서 각각 열린 공화당과 민주당 전당대회도 참관했다. 양당의 최대 정치 행사를 통해 미국인들이 어떻게 소통하고 선거 전략을 만들어가는지 직접 확인할 수 있었다.

2016년 미국 전당대회는 잘 연출된 '쇼 정치'의 정수였다. 공화당 전당대회가 개인 브랜드를 앞세운 '트럼프의 원맨쇼'였다면, 민주당 전당대회는 거물들이 대거 출동하는 '마담 프레지던트를 위한 버라이어티 쇼'였다. 선동의 달인이던 히틀러는 "대중은 타성에 젖기 쉽다. 그들에게 사물을 인식시키는 일은 간단한 생각을 수천 번이고 반복적으로 기억시키는 것"이라고 말했다. 미국의 정당들도 전당대회를 통해 앞으로 수백 수천 번 반복해야 할 이미지와 정책 인식 작업의 시작을 알렸다.

양당의 전당대회는 요일별 콘셉트에 따른 지지 연설과 행사로 진행되었다. 예를 들면 공화당은 '미국을 다시 위대하게Make America Great Again'라는 콘셉트를 요일별 각각의 개념으로 나누어 나흘간 진행했다. 첫날은 '미국을 다시 안전하게Make America Safe Again'로 시작해 다음 날은 일Work, 우선First 그리고 마지막 날 하나One 되게 만들라는 각각의 소주제를 담은 연설을 비롯한 갖가지 행사가 열렸다. 마지막 날 트럼프의 수락 연설 시 이번 대선 캠페인의 어젠다이기도 한 '미국을 다시 위대하게' 콘셉트로 그의 '대통령다운 위엄'을 알리는 것으로 마무리되었다.

반면 민주당 전당대회는 콘셉트에 따른 기획보다 힐러리가 직접 꼼꼼하게 챙긴 듯한 전체적인 맥락의 성공으로 보였다. 예를 들어 지지 연설의 흐름이 돋보였다. 첫날부터 진행된 미셸 오바마의 연설과 마지막 부통령 연설 모두 그녀의 '함께'라는 수락 연설로 귀결되며 모든 행사의 스토리는 '여성 리더로서의 대통령다움'으로 마무리되었다.

아이러니하게도 아웃사이더인 도널드 트럼프의 기행적인 막말 덕분인지 민주당 전당대회는 전 세계의 주목을 받았다. 공화당은 테드 크루즈와 몇몇 의원의 시원치 않은 트럼프 지지 등으로 당내 분열 조짐이 보여 일촉즉발의 분위기였지만, 모든 위기의 순간을 '트럼프표, 쇼 정치'로 정리하며 명실공히 흥행 성공으로 막을 내렸다.

도널드 트럼프의 공화당 전당대회는 예상을 깨고 흥행에서도 지지율 상승에서도 성공적이었다. 하지만 민주당 힐러리의 전당대회 전략이 그들보다 한 수 위였다고 평가할 수 있다. 민주당과 공화당 양당의 경선 현장과 전당대회를 참관하며 떠오르는 단어는 '쇼'였다. 누가 더 완벽하게 진정성 있게 연출해서 알리고 소통하느냐가 정치 행위에서도 승리의 관건인 것이다.

미국전당대회에서 찾은 정치쇼의 특징

쇼에 의한 컨벤션 효과는 두 전당 모두 나타났다. 우리나라 정치인들이 정치 쇼를 하려면 '제대로 하라'고 주문하고 싶다. 이 메시지를 담아 2016년 미국 대선 전당대회에서 찾은 '쇼'의 세 가지 특징을 정리해본다.

첫째, 파괴다. 긍정적으로는 창조라고도 할 수 있겠다. 160년 동안 전당대회 주인공인 대통령 후보가 대회 마지막 날 등장해왔던 룰을 깨고, 트럼프 후보는 전당대회 첫날부터 찬조 연설자인 부인을 소개하러 직접 나서는 퍼포먼스를 보였다. 160년 전통을 깨고 대통령 후보인 트럼프가 깜짝 등장하여 부인을 직접 소개한 스피치는 이후 끊임없는 이슈가 되었다. 트럼프는 하루도 빠짐없이 참가자들에게 이벤트 형식으로 얼굴을 보인 개인 브랜드 관리를 통해 기존의 정치인과는 다른 길을 걸어갈 것이라는 이미지로 선전 효과를 얻었다.

하지만 그 효과는 오래가지 못했다. 힐러리도 같은 파격을 보였기 때문이다. 힐러리는 전당대회 첫날에는 얼굴을 비치지 않았지만, 둘째 날 유리창을 깨고 나타나는 영상 속 환한 미소를 시작으로 다음 날 오바마 대통령의 지지 연설 후 깜짝 등장해 연인 같은 퍼포먼스를 보였다. 트럼프의 전당대회 전통 파괴는 차별화의 선점 효과를 잠깐 누렸지만, 파괴가 파괴를 낳았기에 그 효과가 오래가지는 못했다.

둘째, 이슈 메이커다. 찬조 연설자들에 대한 이슈들이 끊이지 않았다. 그들을 '이슈 메이커'라고 부르자. 이 이슈 메이커들은 긍정적이든 부정적이든 전당대회 내내 이슈를 만들었고 언론은 그들에게 집중했다.

특히 공화당은 트러블 메이커가 이슈를 끌었다. 대통령 후보의 아내인 멜라니아 트럼프의 연설문 표절 시비는 다음 날 모든 언론을 도배했다. 솔직히 연설문의 표절 시비는 미국 정치인들이 풀어야 할 숙제이기도 하다. 오바마, 하물며 케네디도 표절 시비로 시끄러웠던 미국이다. 멜라니아의 연설은 영상 안에서 미셸 오바마 연설과 비교되어 노출됨으로써 보는 이에게 재미를 더하기도 했다. 그녀의 표절 시비는 많은 주목을 받았지만, 예상외로 조용히 마무리되는 듯 보였다. 이는 표절 부분은 민주당도 빠져나가기 쉽지 않기 때문이다.

테드 크루즈도 이슈 메이커가 되었다. 그의 연설은 '2020 테드'의 대선 이미지 굳히기에는 성공적이었지만, 트럼프 지지자들에게는 '무례한 테드'로 불리며 많은 질타를 받았다. 더불어 언론에는 '공화당의 분열'이라는 관점에서 대폭적인 관심을 받았다. 공화당의 두 이슈 메이커는 부정 이미지가 강했지만 언론에 먹잇감을 주기에는 충분했다. 공화당 전당대회에 대한 유권자들의 관심 유발에는 성공한 셈이다.

공화당에도 긍정 이미지 효과를 준 이슈 메이커가 존재한다. 마지막 날, 트럼프 캠프의 비밀 병기로 알려진 이방카 트럼프의 찬조 연설은 가족 마케팅의 화룡점정이었다. 트럼프만큼이나 전 세계인의 관심을 집중시켰다. 이방카의 연설로 트럼프 가족에 대한 관심과 흥미는 최고조에 올랐다. 그들의 가족 관계와 각각의 브랜드에 관한 기사와 방송이 이어졌다. 정치인 트럼프 이야기가 아니라 '트럼프 가족 브랜드'에 집중되는 현상이 나타났다. 미디어들은 트럼프 전략가들이 원하는 방향대로 그의 과거 성공 스토리, 가족에 대한 관심, 자녀들의 성공적인 성장 이야기에 집중하는 듯 보였다. 그렇게 영웅의 이미지가 확고히 자리를 굳혀가는 느낌이었다. 그 영웅이 미국을 다시 위대하게 만들어줄 것이라 믿게 하는 데 가족이라는 이슈 메이커가 마지막까지 빠지지 않고 크게 한몫했다.

민주당의 이슈 메이커로는 버니 샌더스와 오바마 가족을 빼놓을 수 없다. 버니 이슈는 언론에서 보이는 것보다 현장에서 더 강하게 드러났다. 모든 걱정을 불식시키는 그의 지지 연설을 들으며 정치에 대한 진정성에 눈물이 고일 정도였다. 미셸 오바마의 감성적이면서도 미국 노예 제도에 대한 역사가 느껴지는 연설, 버락 오바마의 강력하고 설득력 있는 스피치는 공화당의 모든 이슈 메이커를 KO시켰다. 개인적으로도 이러한 정치인들이 존재하는 미국이 부러웠다.

셋째, '#해시태그'다. 힐러리와 다르게 트럼프에게는 스스로 일어난 팬들이 존재했다. 그들의 팬심을 활용한 실시간 미디어 커뮤니케이션 활동들이 현장의 수천 명뿐 아니라 미 전역의 소셜네트워크 사용자들인 수십만 지지자들의 친구에게 긍정적인 첫인상으로 다가갔다. 트럼프 캠프 덕에 다시 살아난 기업이 바로 '트위터'라는 우스갯소리가 나돌 정도다. 수많은 청중이 트위터에 실어 나를 만한 '거리'를 캠프에서 만들어내고 '#RNCinCLE' '#DNCinPHL'이라는 공식 해시태그로 전파하도록 구조적으로 설계한 듯 보였다.

공화당 전당대회 현장 곳곳에 언론 부스를 마련해놓았고, 해시태그 홍보도 확인할 수 있었다. 해시태그 전략은 공화당이 우세했다. 트럼프의 아바타들인 가족들이 여기저기 다니며 팬들과 셀피를 찍어주거나 행사장 곳곳에서 나타나 팬들이 환호할 기회를 만들어주었고 개별 홍보로 광고보다 더 큰 효과를 볼 수 있었다. 투표는 개인이 하는 것이므로 바로 곁으로 다가와 그가 나와 함께하고 있다는 환상을 갖게 하는 것이 효과적이다. 평상시 큰 관심을 갖지 않던 팔로워의 그러한 활동은 기존의 부정 정서를 순화시킬 수 있었으며 그 지지자들에게는 더 강한 유대감을 갖게 하는 파괴력 있는 활동으로 다가갔다.

전당대회로 분석해본 미국의 정치는 한국과 달랐다. 우선 한국에는 미국처럼 전국적인 관심을 집중시키는 인기 있는 정치 행사로서의 전당대회가 거의 없다. 미국인들은 디지털 네트워크를 통해 어느 때보다 잘 연결된 세상에서도 굳이 전당대회라는 200년 넘는 전통을 고수하고 있다. 전당대회를 통해 화합하고 당의 차기 주자를 만들고 대선 후보에 힘을 실어주고 있다. 그리고 미국은 당의 정체성이 확실한 만큼 그를 따르는 지지자들의 성향도 각각 다르다. 전당대회에 하루도 빠짐없이 나오는 각 당의 LGBT레즈비언, 게이, 양성애자, 트랜스젠더에 대한 정책 이슈들만 봐도 그렇다.

2016년 미국 대선에서는 양당 후보들에 대한 비호감도가 높았다. 그 어느 때보다 흑색선전이 거세었다. 양당의 전당대회는 남은 100일간의 대선 레이스가 그 어느 때보다 치열한 것임을 보여주는 예고편인 셈이었다.

미 전당대회의 백미는 각 당 후보의 수락 연설이다. 이를 통해 국정 운영 방향을 제시하면서 정교한 이미지 메이킹을 시도한다. 클린턴과 트럼프는 목적은 같았지만 방법은 달랐다. '아웃사이더' 트럼프의 메시지는 강한 리더의 이미지를 부각시키는 데 초점을 맞췄다. 미국이라는 대가족의 '아버지'가 되겠다는 리더십으로 당의 화합을 강조했다. 메시지는 "나는 내 가족을 지킬 것이다. 나만 믿어라"였다.

주요 정당의 첫 여성 대통령 후보 클린턴은 노련한 할머니, 엄마 이미지를 부각시켰다. 끌어안는 리더십 스타일이었다. 끝까지 경쟁한 버니 샌더스 상원의원 지지자들을 끌어안기 위해, 흔들리는 미국인들을 끌어안기 위해 처음부터 끝까지 '우리'와 '함께'를 강조했다.

트럼프는 평소와 달리 과한 몸짓과 표정을 자제한 연설을 했다. 과격한 개인 이미지를 보완하기 위해 자신과 이미지가 대별되는 가족을 전면에 내세웠다. 클린턴은 '여성 후보'라는 타이틀이 주는 불안감을 해소하기 위해 현직 대통령과 부통령, 주요 정치인을 대거 출동시켰다. 복장도 눈에 띄었다. 성조기를 연상시키는 색깔의 옷으로 요일마다 바꿔 입었다. 후보 수락 연설 때는 순백 정장을 입어 푸른빛 무대 앞에서 자신을 돋보이게 만들었다. 메시지는 단호했다. 트럼프를 조목조목 비판하며 강한 이미지를 드러내었다.

대니얼 부어스틴 시카고대 석좌교수는 "우리는 남을 만족시키는 개성을 원한다. 그 개성이 우리 자신의 이미지, 혹은 우리 행동의 이미지로서 사람들의 주목을 끌기를 원한다. 대통령 후보들은 유권자들의 권익 향상을 위해 노력하기보다는 대중 이미지 향상에 더 관심을 쏟는다"고 말했다.

힐러리와 트럼프 역시 전당대회를 통해 각자 보여주고 싶어하는 이미지를 각인시키려고 심혈을 기울였다. 분명한 것은 이들이 다른 나라에 긍정 이미지를 주는 데 관심을 두지 않았다는 점이다. 두 후보 모두 '미국의 위엄'을 지키고 미국을 더 강하게 만들고자 함을 강조했다. 그런 두 사람을 유권자들이 열렬히 지지했다.

0
4

네 개의 기둥 위에
지붕을 얹어라

나는 2015년부터 미국의 대선 이미지 전략을 연구해왔다. 이를 진단하고 분석하여 대선연구팀과 함께 'PI 2.0을 기반으로 한 이미지 전략 프레임'을 보완했다.

PI 2.0은 12년간 기업 경영자들의 경영 관리 현장을 진단하고 분석하며 브랜드 가치를 높이기 위한 PI와 이미지 전략에 대한 명확한 개념 정립과 체계적인 측정 항목 및 구체적 관리 방법을 5가지의 구성 차원을 제시하며 세계 최초로 개발한 이미지 전략 프레임으로 2013년에 PI 2.0을 완성했다.

그리고 글로벌 스탠더드에 기초한 PI 프레임에 공자의 사서삼경四書三經 중 『대학大學』에 나온 '수신제가치국평천하修身齊家治國平天下' 개념을 추가하고 '대통령 선거 이미지 전략 프레임(2016)'을 완성했다.

이 프레임을 바탕으로 도널드 트럼프가 미국 대선에서 승리할 수 있었던 요인들을 정리하여 당선 예측치를 도출할 수 있었다. 먼저 대통령 후보로서의 정체성인 PI에는 후보의 철학과 정치 성향, 커리어 등이 포함된다.

전반적으로 도널드 트럼프는 성공한 기업가인 반면 정치 경험은 전무하다. 따라서 기존의 정치 기득권인 주류를 공격하는 강한 리더십의 소유자로서, '거친 아웃사이더 프레지던트'라는 한마디로 그의 정체성을 정의할 수 있었다. 경선부터 일관되게 '미국을 다시 위대하게'라는 간단하면서도 강한 메시지를 슬로건으로 브랜딩한 전략으로 기득권과는 다른, '아웃사이더이자 강한 리더'의 이미지를 유지한 것이다.

이렇게 형성된 PI(정체성) 위에 네 '기둥'이 탄탄하게 세워져야 한다. 첫째, 내부 관리다. 내부 관리에는 러닝메이트, 당내 지지자, 유명인 지지자, 트러블 메이커 등이 포함되며 이들의 전폭적인 지지 관리 능력을 평가한다. 대선 기간 동안 공화당 내에서 당원들로부터 외면당한 도널드 트럼프는 이 내부 관리 측면에서는 힐러리에게 완패했다.

나는 2016년 8월 1일 《한국경제》에 「잘 연출된 '이미지 쇼' 보여준 미국 전당대회」라는 칼럼을 써서 '권위적인 아버지'로서의 트럼프의 이미지를 언급한 바 있다. 그는 전당대회 내내 강한 리더의 이미지를 부각시키는 데 초점을 맞추고, 미국이라는

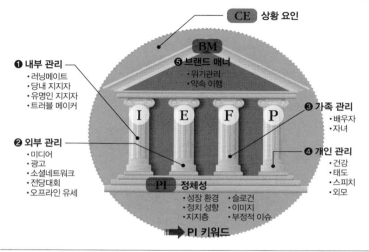

출처: House of PI 2.0 FRAME(허은아, 2013)

대가족의 '아버지'가 되겠다는 리더십을 내세워 "나는 내 가족을 지킬 것이다. 나만 믿어라"라는 메시지로 당의 화합을 강조했다. 당내에서 유권자에게 다가서는 아웃사이더라는 이미지를 축소하기 위해 시도함으로써 서로 차이를 보이기도 했다.

둘째, 외부 관리로 각종 언론 및 소셜네트워크 노출 전략을 토대로 유권자에게 전달하는 미디어 관리 능력을 말한다. 트럼프는 대통령 선거 출마를 선언하면서부터 마지막까지 미디어와의 전쟁을 치르는 사람 같았다. 언론 조작, 편향 보도 등을 지속적으로 비판하며 유권자들과는 소셜네트워크를 통해 소통했다. 광고도 효과적이었다. 전문가들은 트럼프가 이번 대선에서 가장 적은 비용으로 가장 큰 효과를 보았다고 말한다. 제럴드 커티스 컬럼비아대 정치학 석좌교수는 이번 대선에서 힐러리는 1억 달러를 들여 8억 달러의 광고 효과를 얻은 반면, 트럼프는 훨씬 적은 1,000만 달러를 들여 15억 달러에 달하는 광고 효과를 얻었다고 분석했다. 트럼프가 비록 미디어의 긍정적 노출 횟수는 힐러리에 비해 현저히 떨어졌지만, 언론을 역이용해 인지도를 높였다. 그뿐 아니라 소셜네트워크 활용 및 비용 대비 광고 효과, 오프라인 유세 현장에서의 호응도 등은 힐러리보다 앞섰다. 외부 관리 측면에서는 도널드 트럼프의 승리였다. 특히 끊임없이 힐러리가 이길 것이라 예측하고 마지막까지 편파 보도를 했던 언론들의 잘못된 '힐러리' 사랑이 러스트 벨트의 트럼프 지지층을 더 강하게 결집시키는 데 영향을 끼쳤다. 트럼프 캠프의 역발상 승리다.

셋째, 배우자·자녀 등 후보자의 가족 관리 능력을 의미하는 가족 관리다. 기존 대선 후보들처럼 2016년 대선의 두 후보는 '가족'을 내세운 전략을 많이 펼쳤다. 특히, 대선 후보 본인의 약점을 보완해준 측면에서 본다면 역대 어느 후보들의 가족보다 트럼프 가족의 힘이 컸다. 자녀들은 트럼프의 '막무가내' 이미지를 완화시켜주는 역할과 동시에 '아버지 리더십'을 완성하는 데 큰 공을 세웠다. 상대방 후보인 힐러리조차 3차 TV 토론에서 청중의 마지막 질문에 대답하며 그의 자녀들에 대해서만큼은 트럼프를 칭찬하고 싶다고 하지 않았는가. 이처럼 가족은 트럼프의 당선에 가장 큰 힘이 되어주었다. 트럼프는 가족 관리 측면에서 단연 가장 높은 점수를 가져갔다. 그중에서도 장녀 이방카의 적극적인 지지 활동은 당선 이후에도 많은 주목을 받았을 정도로 큰 힘이 되었고, 가족을 잘 관리한 것처럼 미국이라는 대가족의 아버지로서 유권자들을 잘 관리할 수 있을 것이라는 기대를 하게 만들었다. 물론 당선 이후에는 가족이 가장 큰 재앙이 될 수도 있겠지만 말이다.

넷째, 자신의 정체성 즉, PI 키워드에 맞는 개인 이미지와 리더십 관리 능력을 의미하는 개인 관리다. 태도, 스피치, 외모로 대표되는 개인 이미지와 건강을 통한 대통령다운 리더십을 유권자들에게 제대로 보여주기 위해 대선 후보로서 필수적으로 관리해야 하는 요소다.

태도 측면에서 2016년 미 대선이 거짓말쟁이와 망언가의 대결이라고 불릴 만큼 두 후보 모두 낙제점이다.

스피치 측면에서 힐러리의 잘 훈련된 스피치에 비해 트럼프는 쉽게 흥분하고 공격적인 스피치라는 평가가 많았다. 하지만 앞서 언급했듯이 일반 대중이 이해하기 쉬운 단어와 문장에, 트럼프 특유의 유머와 솔직함, 대담함을 더해 기존 정치인들에게서는 볼 수 없었던 지루하지 않은 연설을 함으로써 유권자들의 귀를 열었고, 이것이 트럼프를 조금 더 솔직하고 젊어 보이게 했다. 반면 힐러리의 스피치는 잘 짜여져 있었지만 미셸 오바마의 연설이 더 부각될 만큼 가슴을 울리는 진정성 측면에서 아쉬움이 있었다.

외모 측면에서 힐러리는 상황에 맞는 컬러 수트 스타일링으로 자신의 심정과 각오, 정치 메시지를 전달해왔다. 그녀는 '의상을 통한 소통 방식의 발전 단계Communication Step by Outfit, CSO' 중 1단계인 컬러로 의미를 부여하거나 액세서리 혹은 상징을 활용하는 방식을 보였다. CSO는 한국이미지전략연구소 대선연구팀이 2016년에 정치인들의 의상 자료 분석을 통해 정리한 것이다. 트럼프는 매번 1980~1990년대 헐렁한 미국식 수트 스타일에 빨간색이나 파란색 타이를 메고 나옴으로써 '최악의 패션'으로 꼽히기도 했었지만, 이 '아재 패션' 연출법에는 나름의 의미가 숨어 있었다. 트럼프의 헐렁한 슈트(아메리칸 스타일 슈트)는 1980년대 미국 경제 호황기를 떠올리게 하고 핵심 지지층인 중년 남성들에게 일체감을 부여하는 역할을 했다. 트럼프의 '미국 스타일'은 당시 정권인 오바마 대통령의 트레이드 마크인 슬림 핏의 영국식 수트와 정반대로 연출함으로써 정권 교체에 대한 강한 의지를 부각시켰다. 이는 컬러풀하고 화려한 힐러리의 1단계 전략이 아닌 버락 오바마 대통령이 대선에서 활용한 것과 같은 2단계 전략, 즉 '패션 연출법'을 통해 의미를 전달하는 의상을 연출한 것이다.

건강 측면에서 트럼프가 미국 역대 최고령 당선자임에도 불구하고 나이의 흔적을 찾아볼 수 없을 만큼 강인한 모습을 많이 볼 수 있었다. 이는 막말 스피치 스타일과 더불어 하늘을 찌르는 손가락질 등의 다양한 보디랭귀지로 강한 이미지를 부각시켜 보여주었다. 늘 동행했던 24살 연하의 부인과 이제 겨우 열 살인 막내아들은 트럼프를 원래 나이에 비해 젊은 남자로 보이게 했다. 또한 힐러리 클린턴 후보의 폐렴과 발작 등의 건강 이상설이 상대적으로 트럼프의 건강함을 더 돋보이게 하기도 했다.

다섯째, 대선 이미지 전략은 네 기둥 위에 브랜드 매너라는 지붕이 얹어짐으로써 완벽한 하나의 집이 완성된다. 브랜드 매너는 위기관리 능력과 약속 이행으로 나눌 수 있으며, 약속 이행은 공약 실천 가능성으로 평가한다. 이 용어는 2009년 박사논문에서 '브랜드의 약속 이행'으로 정의하고 브랜드 가치를 높이기 위한 네 가지 프레임의 축으로 설명해놓았다. 그 후 2010년 한국경영학회지에 학술논문 「브랜드 매너의 구성 차원과 측정 항목의 개발」로 게재한 바 있다.

트럼프는 대다수 언론이 자신의 막말에만 집중하고 정책적인 면은 부각시키지 않음으로써 계속 불리한 보도를 하자 연설이나 인터뷰에서 지속적으로 언론의 편향 보도에 대한 전면 비판을 하며 이슈화시켰다. 다른 한편으로는 소셜네트워크를 이용한 유권자들과의 쌍방향 커뮤니케이션을 통해 정치 메시지를 전달했다. 3차 TV 토론에서 '대선 결과 불복'을 언급하며 위태로운 한 수를 두기도 했는데 이는 '힐러리 의문의 한 패'였다. 트럼프의 공약 실천 가능성은 아직도 미지수지만 기존의 행보를 통해 유추해보면, 솔직해 보이는 '막말 트럼프'가 '거짓말 힐러리'보다는 이행 가능성이 높을 것이라는 이미지를 심어준 것은 사실이다.

힐러리의 대선 패배 요인

PI 2.0에 기반을 둔 대선 이미지 전략을 정리해보면 트럼프는 I보다 E, F, P에 집중함으로써 그의 정체성$_{PI}$이 담긴 '트럼프'라는 브랜드를 유권자들에게 일관적이고 반복적으로 강하게 인식시키며 팬덤 현상을 이끌었다. 여기에 '기존 정치권에 대한 분노, 환멸'이라는 미국의 상황 요인$_{CE}$이 더해져 기성 정치인과는 다른 아웃사이더 후보라는 이미지로 긍정적 결과를 낳았다. 이 상황 요인은 개인이 스스로 관리하고 조절할 수 없는 유일한 요인이지만 트럼프는 이를 잘 간파하여 활용한 것이다. 무엇보다도 트럼프의 대선 승리에는 상대 후보가 '부패한 거짓말쟁이 힐러리'라는 환경이 강하게 작용했다. 언론의 대대적인 지지를 받았고 레임덕도 없던 지지율 56%의 오바마 대통령 부부가 전폭적인 지지를 했음에도 불구하고 힐러리는 분노한 유권자들의 마음을 얻지 못했다.

결국 민주당의 패배는 '힐러리'라는 개인 브랜드의 실패다. 아무리 똑똑하고 정치 경험이 풍부할지언정 격전지의 상황 요인을 제대로 파악하지 못하고 유권자와의 스킨십이 부족한 브랜드를 구축하였다는 점은 결정적 패인이었다. 그리고 그러한 후보를 선택한 것이 민주당의 큰 실수다. 그렇게 힐러리는 기존의 전통

공식, 즉 대세론, 당내 결집, 미디어 장악, 선거자금 확보 등을 모범적으로 실천하다 실패한 대선 후보이자 정치인이 되었다.

2016년 11월 8일, 트럼프 후보의 당선이 최종 결정되고 나자 그때서야 수많은 전문가의 입에서 '트럼프가 당선된 이유'가 쏟아져 나왔다. 집권 8년 차인 민주당에 대한 정권 교체 요구와 기득권에 대한 반발, 여성에 대한 보수 유권자, 저조한 투표율 등 트럼프 당선 이유는 셀 수 없었다.

그러나 2015년 8월부터 미 대선 현장을 직접 뛰어다니며 연구했던 관점에서 보았을 때, 그들이 말하는 이유들은 대선 기간 내내 이미 분석되었던 것이다. 그런데도 '문제아 트럼프' 후보의 자질 부족을 지적하며 그가 대통령이 되지 못하는 수많은 이유가 미디어를 장식했었다. 그렇게 대부분이 동의했고(믿고 싶었고), 그래서 대안을 준비하지 못했다. 도널드 트럼프의 승리를 기존의 정치 견해로 바라보면 이해할 수 없는 부분이 많다. 전문가들은 편향적인 언론에 휩쓸려 보고 싶은 것만 보고, 듣고 싶은 것만 듣고, 믿고 싶은 것만 믿었다. 그렇게 대중도 속았다.

나는 2016년 2월 경선 첫 시작을 알리는 아이오와 코커스와 뉴햄프셔 프라이머리 현장을 직접 확인하려고 미국으로 날아갔다. 현장에서 유권자들의 반응을 확인하며 공화당 후보로 도널드 트럼프의 당선을 확신했고, 그와 직접 대화를 나눠본 뒤에는 대통령 당선 가능성까지 예상했다. 7월 전당대회 현장도 다녀오고 꾸준히 여러 차원으로 대선을 분석해보니, 막바지에 있었던 후보들의 지저분한 싸움에도 불구하고 결국 트럼프의 당선을 예측하게 된 것이다. 하지만 이런 예측을 하는 사람들은 미국의 전문가들에게는 '정치를 모르는 초보'로 낙인찍혔고, 한국에서도 비난의 목소리가 커졌다. 나는 한국인임에도 불구하고 미국의 '샤이 트럼프 지지층'처럼 한동안 입을 다물었고 글도 조심스러워졌다.

2016년 11월 둘째 주 화요일 미 대선 투표 결과 힐러리 클린턴이 표수로는 20만 표 정도 이겼지만, 우리나라와 다른 미국의 선거 시스템, 즉 절반 이상의 선거인단 수가 확보되면 당선이 결정되는 승자 독식 방식에 따라 일찌감치 선거인단을 확보한 도널드 트럼프가 대통령으로 당선되었다. 이는 플로리다 같은 격전지를 비롯해 민주당 텃밭이자 대선 핵심 승부처였던 러스트 벨트를 '트럼프 스타일'로 집중 공략한 트럼프 캠프의 승리였다. 제조업의 몰락을 상징적으로 보여주는 말로 쓰이기도 한, 러스트 벨트는 미국 제조업의 호황을 구가했던 중심지였으나 제조업의 사양화 등으로 불황을 맞은 지역으로 오하이오와 펜실베이니아 등 제조업이 발달한 미 북부와 중서부 지역을 가리킨다.

결론적으로 2015년 8월 워싱턴에서 시작한 미국 대선에 대한 현장 분석과 여러 분야의 자문, 언론 분석을 통해 지켜본 2016년 미국 대선은 한마디로 '힐러리와 트럼프의 브랜드 싸움'이었다. 기존의 정치공학으로는 예측할 수도 계산할 수도 없었던 2016년 미 대선은 살아 움직이는 브랜드들의 치열한 마케팅 전쟁이었던 것이다. 트럼프 스타일의 승리는 단순한 포퓰리즘의 승리가 아닌 기득권으로부터 권력 이동을 이루고자 한 혁명으로 그에게 투표권을 행사한 유권자들과 팬들은 기억할 것이다.

미국 대선의 이변을 불러온 변화는 앞으로 우리나라에서도 예외가 아닐 것이라 예상한다. 한국 정치 경쟁도 결국 후보들 간의 브랜드 전쟁이 될 것이다. 최악을 피하는 게 유권자의 선택이라면 '백마 탄 왕자님', '완벽한 공주님'으로 포장하려 하지 말고 정체성을 부각시켜야 한다. 정체성이 확실한 후보야말로 대중을 흡인할 수 있다.

대한민국 국민의 '진짜 민심', '대중이 갈증 내는 대목'을 정확히 꿰뚫고 제대로 읽기 위해 직접 발로 뛰며 다가가 공부하며 소통하는 후보, 그리고 멋지게 포장하려는 후보가 아닌 자신의 색(정체성)이 확실한 후보 브랜드가 대한민국을 바른길로 이끌 정치 지도자로 당선될 것이라 확신한다. 기존의 정치 관점으로 당선 공식을 적용하는 선거는 무조건 잊어야 한다. 더는 수준 낮은 전략으로 대중을 속이려 해서는 안 된다. 트럼프식의 대선 전략을 우리 방식대로 벤치마킹하기를 바라는 마음이다.

0
5

최고가 된 그들은
어떻게 자기 브랜드를 만들었나?

나는 리더의 최선의 모습을 짧은 시간 내에 드러내게 도와주는 일을 한다. 리더의 행동이나 보이는 모습을 통해서 여러 각도로 그(녀)를 분석하고 그 사람을 읽고 브랜드 전략을 짜주는 일이다. 그동안 쌓아온 과학적인 데이터와 방법으로 리더가 원하는 것을 할 수 있도록 여러 상황에서 최선의 방법을 찾아 직접 실행하기도 하고 조언을 하는 것이 내가 하는 일 중 하나다.

예를 들면 CEO 평판과 위기관리, 선거 전략, 면접, 청문회, 기자회견, 발표를 포함해 다양한 상황에서 리더가 어떻게 해결해야 하는지 기존의 데이터를 바탕으로 가장 효과적인 방법을 찾는다. 내가 만난 고객은 대선 후보를 비롯한 수많은 정치인, 삼성그룹과 SK그룹 등의 기업, CEO들, 우주인 이소연 씨 같은 유명인들이 있다. 리더들을 위한 강의를 하는 경우도 많지만, 대부분은 컨설팅 프로젝트로 일대일 코칭과 자문이 주요 업무다.

대선 후보들을 도와준 경험도 있다. PI 전문가를 제대로 활용하지 못해 좋은 성과를 내지 못했던 아쉬운 한 분을 제외하고는 선거에서 모두 승리했다. 대부분 나를 '선생님'이라 호칭했고, 코칭 시 열심히 경청하고 질문도 많고 칭찬을 들으면 기뻐하는 제자였다. 후보들과도 여느 고객과의 사이처럼 '선생과 제자' 관계였다.

대선 후보와의 만남은 그 시기가 다양하다. 우리나라 정치인 중에는 4~5년 전부터 대선을 준비하고 전체 브랜드 스토리를 준비하는 후보도 있다. 미국 대통령 후보는 전당대회에서 다음(빠르면 4년 늦으면 8년 뒤) 대통령 후보를 점찍는 것이 일반적이다. 한 예로 버락 오바마도 그때의 지지 연설에서 두각을 드러내며 미국의 대통령으로 당선되었다.

그러나 우리나라 대선 후보 대부분은 대통령 선거 3~4개월여를 앞두고 후보와 직접 미팅하는 경우가 아직까지는 더 많다. 우리나라에서는 두세 명의 대통령을 제외하고 거의 선거가 임박해서야 준비했기에 더욱 그렇다.

대부분 PI나 언론홍보팀 같은 공식 조직과 함께 참여해 진행하거나 비밀리에 과외처럼 하기도 한다. 비밀 유지를 중요하게 생각하는 과외 형식의 고객은 이 모든 과정을 보좌하는 비서와 주요 멤버 서넛만이 아는 극비로 다루기에 나 또한 전문가로서 그때 그 순간의 모든 비밀을 지킨다.

내 직업에서 가장 중요한 것은 무엇보다 '입의 무거움'이다. 고객이 컨설팅을 받았던 시기와 자리에서 물러날 때까지, 예를 들면 대통령 임기가 끝날 때까지는 내가 참여했다는 사실이나 내용을 고객이 원치 않으면 밝히지 않는 것이 전문가로서의 사명 중 하나다.

아주 오래전부터 미국의 대선 현장에서는 전문가와 함께 일하는 것이 당연시한다. 특히 PI는 서열이 높아서 그 권위를 인정받기에 어떤 전문가를 영입해 함께 일하느냐가 대외적으로도 중요하다. 반면 우리나라 선거에서는 선거에 부정적 영향을 끼칠까 두려워 만들어지거나 관리된 이미지가 아닌 순수한 자신의 모습이라고 꾸며야 하는 경우가 더 많았다. 물론 19대 대선 이후 선거 현장의 문화가 많이 달라졌지만 말이다.

3개월 정도 진행하는 대선 PI 코칭은 대부분 후보 집무실이나 호텔 세미나실의 작은 테이블에 앉아 향후 선거 일정에 따른 PI 전략을 보고하고 그 실행 방법을 후보와 주기적으로 만나 코칭하는 식으로 진행한다. 물론 부족한 부분은 문서와 전화로 보충하기도 한다.

TV 토론 시에는 방송 환경과 비슷하게 연출할 수 있는 장소를 임대하거나 그와 비슷한 환경을 내부에 직접 연출해 후보가 참여하는 리허설을 한다. 연설이나 행사가 있을 때는 현장을 미리 답사하여 후보가 어떻게 더 좋은 이미지로 매력을 발휘할 수 있을지 동선까지 최종 점검하고 현장에서의 후보의 일거수일투족을 확인해 다음 행사를 위한 준비를 한다. 특히 TV 토론이나 연설이 중요하므로 여론을 살피고 상대 후보 분석부터 대응 전략 수립까지 하나하나가 매우 중요하다.

선거일이 다가올수록 PI 분야는 우선순위가 더욱 중요해진다. 엄밀히 말하면 대선 후보가 되겠다 마음먹은 순간부터 전략을 세우고 차근차근 탄탄하게 준비해야 하는 것이 이상적이겠지만, 투표일에 가까울수록 유권자에게 더 강한 매력으로 다가가 기억하게 해야 하기 때문이다. 전체적인 PI와 TV 토론에 집중하며, 이미지와 태도를 챙기고 후보 곁에 있는 시간이 점점 많아지는 시기이기도 하다.

바빠지기 전까지 후보와 주파수를 맞추는 것이 내게는 아주 중요하다. 정신없이 바쁠 때 눈빛만 보고도 심경을 눈치껏 읽어낼 줄 알아야 하기 때문이다. 그래서 후보가 전문가를 믿고 따라줄 때 성과가 더 크다. 하루하루를 알 수 없는 선거 현장에서 작은 실수 하나가 큰 위기로 다가오는 경우가 워낙 많아서 빠른 위기 대처를 하려면 신뢰와 눈치가 중요하다.

이는 기업에서도 마찬가지다. 내가 자문해주는 기업에서 생각지도 못했던 위기가 발생했던 적이 있었다. 평상시 PI 자문을 통해 CEO의 심정을 읽었던 내 입장에서 그동안의 노하우와 대처 방안 데이터를 활용해 조언해주었다. 그동안 신뢰를 쌓은 덕분에 임원들과 의사소통을 빠르게 하고 발 빠르게 대응해

24시간 안에 CEO의 사과문까지 처리해 더 큰 위기로 커지는 일을 막을 수 있었다.

PI는 리스크가 큰 상황에서 막대한 힘을 발휘하지만, 결과적으로 보면 이것은 평상시 관리를 하고 있어야만 가능한 일이다. 어려운 상황에 얼마나 빠르고 현명하게 대처하느냐가 정치인에게나 기업인에게 큰일의 성패를 가른다.

0
6

CEO 개인 브랜드는
기업의 핵심 자산

내가 15년간 PI 컨설팅을 하면서 만난 고객은 컨설팅 사실을 알리기 꺼리거나 비밀 유지를 요청하는 분들이 대부분이다. 한국에서는 아직 이 분야에 대한 이해도가 낮기 때문이라 생각한다. 시장 상황이 이렇다 보니 일반 대중도 PI 관리나 컨설팅이라 하면 대부분 대통령 사례만 떠올리곤 한다. 하지만 이 영역은 연예인, 스포츠 스타, 전문가 시장까지 아주 다양하다.

유재하 대보기획 전 부사장에 따르면, 기업에서 CEO PI에 사용하는 마케팅 비용이 빌 게이츠는 50조 원, 국내 4대 그룹 총수는 60조 원 이상에 이를 정도라 한다. 그만큼 기업 PI 시장은 비즈니스적으로도 거대하고 수많은 숨은 사례가 존재하고 있다.

미국의 칼리 피오리나가 HP의 CEO로 부임하자 HP의 주가가 1.9%나 올랐던 것이나 미국 투자자의 77.7%가 CEO를 보고 투자를 결정한다는 조사 결과는 그만큼 CEO 브랜드 가치의 중요성을 입증한다. 국내에서도 대기업들을 중심으로 PI 전담팀을 구성하는 등 PI 마케팅 규모가 엄청난 속도로 증가하고 있다. 그리고 정치인과 기업인은 물론 전문직 종사자나 스포츠 스타 등 PI 대상자들도 무한 확장되는 추세다.

어느 해 4월, 갑자기 이동통신에 장애가 생겼다. 실시간 검색어에 우리 고객사가 올라와 순간 경직될 정도로 놀랐다. 심장이 철렁했다. 긍정적인 일이라면 상관없지만 반대 상황이면 PI 차원에서도 큰 타격을 입는다. 맨 먼저 CEO를 찾아 연락하고 사과문에 대한 현재 진행 상황을 확인했다. 실무적인 일들이야 해결하고 있을 것이지만, 문제가 생기고 24시간 이내에 CEO의 사과가 없으면 그분의 명성과 브랜드 이미지에 부정적인 이미지가 쌓이면서 평판에 오점을 남길 수 있다. 이번 사건은 고객사의 문제인 것이 확실하므로 문제 해결의 열쇠는 무엇보다 공식 사과였다.

CEO는 좋은 일로 화제가 되었을 때만 언론에 노출되고 싶을 것이고, 그 마음을 아는 내부 관리자들은 윗선까지 가지 않고 자신의 선에서 일을 처리하고자 한다. 하지만 기업의 위기관리 차원에서도, PI적 기업 이미지 차원에서도 CEO의 사과는 빠를수록 좋고 더 많이 노출될수록 좋다. 변명이 아닌 사과를 하고 현재 어떻게 일을 처리하고 있으며 어떻게 해결할 것인지 빠르고 정확한 소통이 피해를 겪은 분들과 이루어져야 한다. 그리고 언론이 알아야 한다.

당시 사장님 지시하에 평상시 PI를 담당하는 임원과 실무자들과 호흡을 맞추고 있던 터라 일 처리가 순조로웠다. 보도 자료를 준비하고 있다는 이야기를 전해 듣고, 기자들에게 보내는 메시지보다 고객에게 직접 하는 사과를 우선 하면 좋겠다는 의견을 전했다. 이후 보도 자료와 사과문 논조에 대한 자문을 진행했다. 다음 날 출근하는 사내 직원들에게 CEO가 보내는 메시지를 송부하여 내부 직원들과의 소통도 잊지 않았다.

변명 없는 무조건적 우선 사과를 시작으로 금요일부터 월요일까지 한순간 한순간 노심초사한 생각을 하면 아직도 등에서 식은땀이 흐른다. 만약 서로의 호흡이 맞지 않았거나 서로의 전문성을 인정하지 않아 진행 과정이 지지부진했다면 그 상황이 어떻게 흘러갔을까? PI에서 지속적인 관리가 얼마나 중요한지 다시금 느끼게 되는 순간이다.

이 모든 위기관리는 미리 작업했던 CEO의 정체성 구축과 장점인 실행력과 소통하는 리더로서의 전략적 포지션을 근거로 진행했다. 예를 들면 PI는 사내에서 시작되므로 통신 장애에 대한 고객 관계에서의 급한 불을 끄고 나서 맨 먼저 출근하는 내부 구성원에게 CEO가 보내는 메시지에서도 긍정적 효과가 나타날 수 있었다.

공교롭게도 이 사건은 모 증권 배당 사고가 있었던 날과 같은 날 일어났다. 통신 업계와 증권 업계 모두 엄청난 사고를 겪었음에도 불구하고 국내 최고의 그룹인 그들의 위기관리는 발빠른 위기 대처에 비해 의외로 실망스러웠다. 미리 준비한 리더의 승리다. 물론 처음부터 사고가 일어나지 않는 것이 가장 좋겠지만, 일이라는 것은 어떻게 어느 순간 터질지 모르므로 위기 상황을 어떻게 대처하는지에 따라 그 기업의 미래가 달라질 수도 있다. 우리는 고객의 불매 운동부터 주가 폭락까지 수많은 경우를 보아왔다.

그래서인지 대부분 기업의 CEO 주위에는 각종 전문가들이 포진해 있다. CEO는 전문가들을 적재적소에 배치하여 전문가 그룹의 코디네이터 역할을 할 수 있게 만드는 것이 중요하다. 또한 다른 업종과의 네트워크를 끊임없이 만들고 그들과 교감해야 한다. 정치인들이 말하는 책사와 비슷하다고 해야 할까? 우리가 흔히 말하는 책사는 중국 춘추전국시대 각국 제후에게 집권 전략을 제시한 이들이다. 제갈량이 없는 유비, 한명회가 없는 세조가 존재할 수 있었을까? 대선은 킹을 뽑는 행위지만 진정한 싸움은 '킹'이 아니라 그들이 보유한 책사, 즉 '킹 메이커' 간에 이뤄진다.

2004년 11월 재선에 성공한 조지 부시 대통령은 선거 캠페인을 총괄한 칼 로브를 이렇게 치하했다. "그는 우리의 설계자the architect다." 무명의 아칸소 주지사 빌 클린턴이 대통령 출마를 결심하고 처음 만난 사람도 29세의 선거 전략가 조지 스테파노폴루스였다. 칼 로브(부시), 데이비드 액셀로드(오바마), 조지 스테파노폴루스(클린턴) 등 주군을 킹으로 만든 책사들은 무소불위 권력을 휘둘렀다. 언론은 그들을 '사실상의 대통령'이라 불렀다.

PI 전문가도 이와 같이 일한다. 리더의 강점과 부족한 점을 찾아 전문 관리를 통해 인사이트를 발견하고 브랜드 가치를 높이는 일을 한다. 리더 메이커라고 해야 할까? PI 전문가는 CEO, 리더의 매력적인 브랜드 실현을 위해 세 가지를 고민한다.

첫째, 리더(기업)의 이미지가 설득력을 발휘할 수 있을까?
둘째, 리더(기업)가 대중을 충분히 매료시킬 수 있을까?
셋째, 브랜드가 신뢰와 확신을 줄 수 있을까?

존 F. 케네디가 죽은 지 50년 이상이 지났는데도 미국인들은 아직까지 그의 매력에 열광한다. 아내 재클린 케네디가 편지에서 "그는 사냥하는 것을 좋아하고, 자신의 것이 된 것에 대해서는 금세 지루함을 느낀다. 남편은 결혼한 후에도 자신의 매력을 증명하기 위해 끊임없이 다른 여자들에게 추파를 던졌다"고 고백해 화제가 되었다. 그만큼 정치 리더에게는 매력 관리가 아주 중요하다.

정치인뿐 아니라 기업의 CEO도 카리스마 넘치는 매력적인 브랜드로서 회사와 CEO의 모습을 적극적으로 보여줌으로써 인지도를 높이는 작업을 해야 한다. 이것은 주주를 비롯한 고객들을 위한 것이다. 이를 위해 할리우드 평판 모델을 활용하는 게 효과적이다. 지명도를 구축해야 한다는 자각과 그에 관한 전문성을 확대해야 한다. 인지도 확대와 관련된 분야로서 기억에 오래 남는 이미지를 만들어 '메모리 락'을 할 필요가 있다. 카리스마란 태도와 이미지에서 뿜어 나오는 힘으로 장기적인 과정에서는 태도, 몸짓, 스토리 등도 포함되며 행운을 주는 전략적 포지셔닝을 취해야 한다.

PI가 잘된 CEO는 그 자체로 브랜드파워가 있으므로 기업에서의 PI 관리는 장기적인 경영 관리 중 하나로 기업 성과와 평판을 좌우하는 CEO의 주요 과제다. 세계적인 PR 회사 버슨마스텔러의 연구 결과에도 기업 평판의 50%는 CEO의 평판에 기인한다고 나와 있다.

CEO의 평판을 관리하려면 매력적인 브랜드 아이덴티티Brand Identity, BI를 정립하고 차별화된 긍정적 이미지를 갖게 만드는 이미지 전략을 세워야 한다. 단순히 세련된 이미지를 만드는 이미지 메이킹뿐 아니라 위기관리 영역까지 아우르는 PI 작업을 해야 한다. CEO의 철학과 비전을 함께 공유하며 조직 최고 책임자로서의 정체성을 명확히 하는 장기적 이미지 관리를 포함해서, 자신의 핵심역량을 개발하여 더 큰 경쟁력을 찾아 외부 노출 모습과 정책과 메시지 기조를 제대로 세우고, 이벤트 등의 대내외 활동과 추진 업적 같은 브랜드 스토리 등이 통합 마케팅 커뮤니케이션IMC으로 진행될 때 그 시너지를 볼 수 있다.

CEO의 이미지는 개인의 이미지로 끝나는 것이 아니라 해당 기업과 조직에 대한 사회적 평판을 좌우한다. PI는 충성심을 이끌어내는 조직의 가치뿐 아니라 이에 따른 기업의 브랜드 가치와 주식 가치에도 영향을 끼친다. 가장 오래도록 최고의 자리를 지켜주는 PI의 화룡점정은 CEO의 진정성이다. 리더라면 누구든 PI가 필요하다.

3장

리더의
커뮤니케이션 전략

리더의 소통은
힘이 되는
인간관계를 만든다

0
1

매력과 소통이
빚어내는 예술

기업 신임 임원을 대상으로 강의할 때가 종종 있다. 이때 맨 먼저 하는 말은 "축하합니다"이다. 하지만 곧바로 "이제 정신 똑바로 차리셔야 합니다"라는 말을 빼놓지 않는다. 임원이 되자마자 제출한 퇴직원을 생각하면, 이제부터 계약직 신세다. 기득권이 되었다는 데 행복감을 오래 느낄 여유도 없다. 진급의 기쁨도 잠시. 현실을 인정하고 이제는 진짜 성과를 내야 하고 자신만의 삶, 창업자 마인드로 살아야 한다는 것이다. 많은 사람이 인정하며 공감하는 부분이다.

이렇게 신임 임원을 위한 강의는 "이제 여러분도 어항 속 금붕어가 되었으니 몸 관리를 잘하셔야 한다"라고 경고하는 것에서 본론으로 이어진다. 흔히 정치인들을 어항 속 금붕어, 나무

위의 원숭이 처지라고들 한다. 국민이 원하면 언제든 지켜보며 무엇을 하는지 관찰하는 대상이기 때문이다. 그렇다. 나무 위에 올라간 원숭이 엉덩이를 보면서 정말 빨간지 확인하고 싶은 것이 어항 밖 사람들의 심리다.

그렇다 보니 나의 일거수일투족을 감시당한다고 생각하며 사는 것이 차라리 마음 편하다. 앞으로 다가올 상상하지 못했던 일들로 상처를 받지 않도록 마음의 자세를 갖추고 준비해야 한다. 물론 임원이라면 정치인들처럼 아주 투명한 어항까지는 아니지만, 어느 어항이든 그곳에 이미 합류한 물고기 신세라는 점만은 확실하다. 그래서 일만 잘한다고 해서 해결되지 않는 것들이 지속적으로 생긴다.

물론 아무도 따라올 수 없는 자신만의 강점으로 업무 성과를 내는 사람이라면 예외일 수 있다. 그러나 그런 특별한 인재는 많지 않다. 아니 거의 없다. 그래서 이제부터는 농담도 조심해야 한다. 농담이 독이 되어 돌아온다. 이는 넓게는 갑질로 오해받을 수도 있다.

예를 들어 모 기업 임원이 항공기에서 라면 갑질로 퇴사한 사례와 대한항공 오너가들의 갑질이 용서받지 못하는 사회 환경은 우리에게 많은 것을 느끼게 한다.

'라면 상무'가 소속되었던 그 기업에서는 임원이 되면 항공기 비즈니스 클래스에서 라면을 먹는 것이 하나의 '임원 취임 이벤트'처럼 간주되었다고 한다. 그 라면을 먹을 수 있었던 선배들처럼 나도 그 자리에 가봤으면 좋겠다는 욕망이 강렬했을 것이다. 그만큼 임원이 되고 나서 이벤트를 치를 기대도 컸을 것이다. 그러다 보니 눈높이에 맞지 않아 화가 날 수도 있다. 우리가 모르는 전후 사정이야 물론 있었을 것이다. 그래서 불만을 제기할 수도 있지만, 그동안 쌓였던 스트레스를 푸는 상대로 승무원을 대하는 태도가 문제였다. 임원이라면 아주 작은 것부터 자신을 관리하기 시작해야 한다.

리더에게 필요한 자기 관리의 첫 번째는 매력적인 끌림과 표현이다. 리더들에게 지금까지 살면서 '운'이 얼마나 중요한지 질문하다 보면, "세상 살아보니 진짜 운을 무시할 수 없다"고 이야기하는 분이 의외로 많다. '운칠기삼'이라는 말이 괜히 나온 것은 아닌 것 같다고 고개를 끄덕인다.

그뿐 아니라 내가 누구를 만나고 누구의 라인이 되느냐에 따라 진급의 속도와 가능 여부가 결정되는 것을 수없이 보아왔다. '사람을 잘 만나야 하고 운이 좋아야 성공한다'라고 생각하는 분들이 대다수인 듯하다.

나는 여기에 전적으로 동의하기에, 성공하지 못했다고 생각하는 분들에게 묻고 싶다. "왜 당신은 그 라인을 잡지 못했을까? 왜 운이 없었을까?" 그건 운을 연결해주는 사람을 못 만났거나 그 사람이 당신과 일하고 싶지 않거나 만나고 싶지 않기 때문 아니었을까? 그래서 그 운이라는 것이 좀 더디게 올 수도 있다는 것이다.

결국 운을 좋게 할 수 있는 비결은 내가 일하고 싶은 그 누군 가도 나와 일하고 싶어야 한다는 것이다. 이유야 여러 가지가 있겠지만 내가 만나고 싶은 상대에게 끌리는 매력이 있어야 한 다는 것은 분명해 보인다. 리더로서 자격을 갖춘 사람에게 필요 한 것이 있다면 두말할 것도 없이 매력이다. 결국 "운도 아니고 매력이다." 사람을 끄는 힘, 바로 매력이 당신에게 필요하다.

그렇다면 어떻게 매력적인 리더가 될까? 블룸버그가 조사한 '매력적인 기업을 떠올릴 때 생각나는 단어'는 '얼마나 젊어 보 이는가' '얼마나 섬세해 보이는가' '얼마나 문화적인가' '얼마나 지적으로 보이는가'라 한다.

그 기업을 이끌어가는 리더도 마찬가지다. 천성적으로 매력 적인 사람들도 있다. 노력하지 않는 것 같은데도 사람을 끄는 매력이 넘치는 사람들 말이다. 유머러스하거나 다재다능한 것 을 포함해 이유도 여러 가지다.

그렇다면 천성적으로 그렇지 못한 이들은 매력적인 사람 이 되지 못할까? 다행스럽게도 그렇지는 않다. 이 매력이라는 것도 관리할 수 있다. 이론적으로 말하면 '개인 브랜드 관리 Personal Brand Management', 즉 '퍼스널 브랜딩Personal Branding'이 잘되 면 지속적으로 매력적인 사람이 될 수 있다. 요즘 대기업에서 는 신임 임원들의 필수 코스로 임원 PI 과정을 거치게 한다.

리더가 되고 싶은 사람이라면 자신을 관리하지 않으면 안 된 다. 나는 "연기학원이라도 다니고 싶다"고 말하는 기업 임원을 만난 적도 있다. 리더는 필요하다면 연기도 해야 하고, 그 연기를 하지 못하면 버티기 힘들다는 이야기다. 여러 의미를 담아서 한 말이었겠지만, 단순하게 개인 브랜드 차원에서 자신을 잘 표현하고 오해받지 않도록 평판을 관리해야 한다는 의미라면 충분히 동의한다. 자신을 브랜드로 만드는 것은 리더로서의 자존감 문제다.

02
상대의 눈높이를
기준으로 삼아라

지인 중 "놀기 위해 일한다"는 대학교수 A가 있다. 국내 굴지의 대기업에서 대리까지 근무하다가 돌연 사표를 던지고 교수가 되겠노라 뛰쳐나온 스토리를 듣고 나니 그분의 삶이 참 근사해 보였다.

그분의 스토리를 요약하면 "아무리 생각해도 일반 직장인의 삶이 행복하지 않았고, 미래도 없어 보여 놀며 일할 수 있는 교수가 되기로 결심하고 모든 생활을 올인했다"는 것이다. 물론 '교수'라는 직업이 놀고먹는 직업이라는 뜻은 아니다. "자신의 분야 연구에 집중할 수 있고, 방학을 이용해 하고 싶은 것을 할 수 있다"고 한다. 그분 말씀에 따르면 운 좋게 대학에서도 요직을 맡았고, 아직까지 건재하다. 그래서 "행복하시냐?"고 물으니 상당히 만족한다며 적극적인 끄덕임이 답으로 돌아왔다. "그 시절 이런 변화를 위해 도전한 것이 정말 잘한 일 같다"고 했다. 진짜 만족해하는 게 그대로 느껴졌다.

그런데 교수라는 직업이 놀기 편한 직업인가? 그렇지 않다. A교수와 같은 학교에 재직 중인 분들에게 확인해본 결과, 그분은 그 대학에서 가장 많은 연구 과제를 진행 중이며, 연구소 지원도 많이 받는 능력자 교수로 유명하다고 한다.

대다수 리더의 실수 중 하나는 자신의 눈높이가 일반적이라고 생각하는 것이다. 어려워하는 상대가 이해되지 않는다며 수준이 맞지 않다고 판단한다. 리더 자신이 그동안 얼마나 많은 경험과 공부를 통해서 성장해왔는지 모르는 것이다. 이들은 스스로 리더가 되기까지 꽤 오랜 시간을 거치며 자신도 모르게 눈높이가 평범한 사람과는 다르게 높아지고 있음을 모르고 있다. 타인이 잘 모르는 용어, 세상, 관점을 가지고 소통하고 있다는 것을 인정해야 그들과 대화할 수 있다는 것을 모르고 있다. 그들이 바로 고객인데 말이다.

이 부분을 깨달으면 놀면서 일하는 리더가 되는 노하우를 빨리 터득할 수 있다. 다시 A교수 이야기로 돌아가 보자. A교수는 연구 비용을 따내기 위한 프레젠테이션을 할 때 심사위원의 눈높이를 맞추는 것을 일순위로 정하고 가장 많은 시간을 할애한다고 한다. 심사위원들이 제대로 이해하고 심사할 수 있도록 발표 준비에 집중한다.

그리고 심사위원으로 직접 참여한 경험을 살린다. 심사위원 이었을 때 심사를 받는 사람들이 준비한 발표가 자신의 전문 분야가 아니므로 아무래도 쉽게 이해되지 않았다고 한다. 질문을 통해 함께 심사하는 분들의 여러 상황을 살피면 본인과 비슷한 입장이라고 한다. 그러다 보니 심사가 쉽지 않다. 결국은 심사위원에게 이해하기 쉬운 용어와 사례로 설명한 팀 쪽에 좋은 평가를 주게 되더라는 것이다.

그때의 경험이 심사위원이 아닌 심사를 받는 입장에 섰을 때 큰 도움이 되었다고 한다. 내가 아는 지식을 총동원하여 더 멋지게 이야기하는 게 중요한 것이 아니라 심사위원의 눈높이에서 이해할 수 있도록 설명해야만 성공한다는 중요한 비법을 터득한 것이다. 그래서 성공률이 높은 연구실이 되었다. 그러다보니 연구원 수도 늘고 스스로 일하는 연구원들 덕분에 A교수는 놀면서 일할 수 있다고 한다.

같은 시간을 일하는데도 결과가 다를 수 있는 비밀은 바로 눈높이 맞추기다. 일하는 시간보다 노는 시간이 많은 리더, 진정추구해야 할 리더의 길이 아닌가? 스스로를 조금 더 돌아보자. 상대는 당신만큼 그 분야의 전문가가 아니라는 것을 잊지 말자.

대한민국 상위 0.1% 학생들은 성적이 꼴찌인 친구들에게도 지식의 기원과 본질, 개념, 과정까지 자세하게 설명해줄 수 있다. 이것은 0.1% 리더에게도 통하는 분석이다.

김경일 아주대 심리학과 교수의 말은 귀담아들을 만하다.

"현대 사회에서는 전문가들이 조직의 지도자가 되는 경우가 많습니다. 전문가들은 자신의 말을 알아듣지 못하는 사람을 만나기 싫어합니다. 하지만 이들에게도 정보를 차근차근 설명해주는 이타적인 경영자가 되십시오. 1975년 회사에 견학 와서 필름의 기본 개념을 질문한 유치원생에게 '세상의 모든 이미지를 담는 그릇'이라고 설명해주다 디지털카메라를 발명한 코닥사의 스티브 새슨처럼 말입니다."

03

주변 사람이
내 이미지를 만든다

대선 현장에서 정치인들과 만나며 참 재미있는 이야기를 들었다. "대장 혹은 대선 후보는 태양 같아서 너무 멀리 떨어져 있으면 얼어 죽고, 너무 가까이 있으면 불타 죽을 수 있다." 적당히 가까운 거리에서 그분을 모셔야 한다는 것이다. 이는 그만큼 라인이나 리더와의 거리가 매우 중요하다는 이야기일 것이다.

그런 측면을 생각하면 그 태양에 가까이 가야만 일이 가능한, 그러면서도 아주 가까울 수는 없는 PI를 진행하는 우리 같은 전문가는 정치인들에게는 부러운 대상이다. 다만, 그만큼 처음 일을 시작할 때 생각지도 못한 적들이 급속도로 많이 생기기도 한다. '저기 자꾸 가까이에서 알짱대는 쟤는 누구야?'라는 과격한 의문을 일으키기도 하고 리더가 남자일 경우가 많아서인지 나의 경우 여자라는 이유로 엉뚱한 오해를 받기도 한다.

정치 상황이 어찌되었든 '좋은 리더를 만드는 전문가'라고 칭하는 내 직업은 최고 리더가 되거나 그 지위를 유지하는 데 실무적 도움을 주는 일이다. 리더의 강점과 부족한 점을 찾아 전문 관리를 통해 인사이트를 발견하고 브랜드 가치를 높이는 작업을 한다. PI, Identity Communication, 개인 브랜드, 평판 및 위기관리, 비언어 커뮤니케이션과 더불어 적절한 카운터 파트너 연결까지 업무에 포함된다.

특히 정치인에게 PI는 신뢰와 의뢰인의 실행 없이 성공하기 힘든 까닭에 가까이에서 보좌할 수밖에 없다. 청와대의 PI 전문가라 할 수 있는 모 행정관의 가치관과 태도는 여러 차례 논란이 있었다. 그러나 PI 분야에 대해서는 전문성을 인정받으며 오랜 시간 청와대에서 실력을 발휘하고 있다. 그게 가능한 이유는 무엇일까? 리더 덕분이다. 아니 어쩌면 리더와의 거리 덕분일 것이다. 물론 행정관의 사생활은 불만을 토로할 것도 많고 의문을 제기할 구석도 적지 않다. 하지만 인사 문제나 개인의 흠결 등을 이 지면에 언급할 생각은 없다. 추후로 미루자.

우리가 하는 PI는 성과를 평가받기도 보이기도 쉽지 않다. 그래서 의뢰자의 전문가에 대한 전폭적인 지지가 뒷받침되어야 하고, 의뢰자가 변화하기 위해 적극 노력해야 한다. 리더가 그 전문성을 인정하고 그 분야에서는 전문가의 말을 들어야 한다.

2012년 18대 대선 후보였던 문재인 후보는 전문가의 말을 귀

담아듣지 않을 것 같은 고집이 조금 엿보였다. 하지만 대선에 실패하고 나서 완전히 바뀐 모습으로 19대 대통령 선거에서 당당히 당선되었다. 무엇이 본인에게 필요하고 무엇이 부족했는지 깨닫고 마음을 바꾼 것이 아닌가 싶다. 현명한 리더다. 더 겸손해졌고, 보좌하는 전문가의 말을 철석같이 믿고 따르는 모습이 보인다. 정치적인 것은 차치하고 우선 스스로 반성하고 바꾸려 노력하고 실행하며 조직원을 믿고 따라주는 그의 마음이 멀리 미디어를 통해서도 느껴졌다. 나는 PI 전문가 입장에서 이러한 부분이 문재인 대통령에게 배워야 하는 중요한 리더십이 아닐까 생각한다.

유심히 살펴보면 리더의 성공과 실패도 주변 사람, 가까운 지인 관리에서 시작되는 듯 보인다. 익히 아는 것처럼 리더는 모든 분야의 전문가가 될 수 없다. 전체 그림을 그리고 어떤 분야 전문가가 지금 우선순위로 필요한지 알아야 하고 필요한 그 분야 전문가를 잘 영입하고 관리하는 것이 리더의 역량이다. 리더에게는 사람 보는 눈이 중요하다. 전문 분야는 친한 사람이나 권력자의 말을 듣는 것이 아니라 전문가의 말을 더 많이 수용하고 들어야 하기 때문이다. 전문가를 액세서리로 활용하는 것이 아니라 의뢰자를 빛나게 하는 데 활용해야 한다.

여러 경로를 통해 입증하고 영입한 사람이 리더가 원하던 전문가라면, 그 후부터는 그 분야에서 그 사람을 믿고 성과를 낼 수 있도록 도와주는 것이 리더가 지켜야 할 의무이자 의리다.

대부분의 성공한 리더는 그랬다. 약속한 일정까지 믿고 따르며 누구보다 더 열심히 직접 실행한다. 더불어 여러 지인의 평가를 꾸준히 받으며 혹시라도 실수하는 것은 없는지 살피기도 하지만 대부분 해당 분야 전문가의 지시와 요청을 따른다. 혹시라도 그 전문가가 일정한 기간 내에 성과를 내지 못하거나 문제가 잦으면 그때 가서 교체해도 늦지 않다.

가끔 이런 정치인도 있다. '다들 필요하다는데 나도 그 전문가를 불러볼까? 누구든 옆에 있으면 도움은 되겠지?'라는 가벼운 마음으로 전문가를 영입한다. 그저 그런 절차만 밟았을 뿐 그 후 따로국밥처럼 전문가와 함께하지 않는다면 리더십은 무너진다. 특히 정치 리더는 똑똑하고 능력자인 것도 필요하지만, 곁에서 그를 따르는 사람들이 중요하고 그 사람들이 그 리더를 진정으로 인정하고 존경하며 따르게 하는 것이 더 중요하다. 그에 따라 사람을 제대로 쓰는지가 핵심이지 모든 것을 잘해야 하는 것은 아니다. 적어도 내 관점에서는 그렇다.

다시 말해 태양을 만들어가는 PI 전문가도 그 리더의 진정성에 대한 존경심이 없으면 제대로 된 결과물을 만들기 쉽지 않다. 확언컨대 성공한 정치인 곁에는 리더를 존경하고 진정성을 믿는 전문가가 많이 모여 있다. 나는 그저 입신양명을 위해 필요한 수단으로만 전문가들을 가까이하는 정치 리더를 많이 보아 왔는데, 힘들 때 쉽게 떠나는 인재가 많은 리더가 크게 성공하는 경우는 거의 없었다. 의외로 돈보다 마음을 움직이는 리더에게 자신의 삶을 거는 전문가가 꽤 많다. 방향이나 철학이 옳든 그르든 자신을 믿어주고 인정해주는 리더에게 허리를 숙이고 함께하는 것은 정치나 기업이나 마찬가지다.

PI 관리를 잘한 브랜드로서 성공한 정치인들의 사례에서 배워야 한다. 스스로가 팬덤을 형성할 수 있는 브랜드가 되어야 한다. 자기만의 정체성을 지켜 브랜드 가치를 유지하는 게 중요하다. 앞으로의 각종 선거는 점점 더 브랜드 전쟁이 될 것이다.

04

얕은 인간관계는
모질게 정리하라

진짜 친한 사람이 있는가? 왜 그 사람을 만나는가? 지금 라벨을 떼고 만날 수 있는 믿을 만한 사람이 몇 명이나 있는가?

리더의 자리에 올라가면 가장 힘든 건 외로움이다. 참 많은 사람을 만나지만 바쁜 순간이 멈출 때 밀려오는 이해 못 할 고독함에 놀라며, 그럴수록 더 많은 사람을 만나면서 바쁜 자신을 위로하는 리더도 적지 않다. 헛헛한 뒷맛이 있음에도. 혼자라는 외로움은 리더로서 감당해야 할 당연한 벌(?)쯤으로 생각하며 마구마구 사람을 만나며 몸을 혹사하는 듯한 리더도 있다. 그렇다. 누구든 올라가면 올라갈수록 외로워진다. 리더의 위치에서는 이쯤은 받아들이고 즐겨야 더 좋은 관계를 맺을 수 있다.

최근의 신조어인 '혼밥(혼자 밥 먹기)' '혼술(혼자 술 마시기)' 문화는 오프라인과 온라인 양쪽으로 과도하게 넓어진 네트워크 속에서 염증을 느낀 사람들이 스스로를 보호하기 위해 만들어낸 방책이라고 볼 수도 있다. 인간관계의 폭이 넓어지는 데 반비례해 관계의 깊이는 얕아지기에, 넓고 얕은 관계에서 비롯된 피로감에서 도피하는 사람이 늘고 있는 것이다.

결국 더 끈끈한 관계를 유지하는 진정한 네크워크 정리는 이같이 불필요한 관계를 최소화하고 내게 진짜 필요한 관계를 늘려갈 줄 알 때 형성된다. 어쩌면 리더는 바빠서 원치 않아도 관계가 저절로 정리되기도 한다. 그런데 그 정리 과정에서 진짜 중요한 사람들을 버리게 되는 것은 아닌지 되돌아봐야 한다.

지금까지 우리가 알고 있던 리더에게 가장 중요한 덕목은 무엇이었을까? 열정, 책임감, 인재를 알아보는 눈, 위기관리 능력, 비전을 설정하는 힘 등이 훌륭한 리더의 조건으로 꼽혀왔다. 불과 10년 전과는 비교도 할 수 없을 만큼 빠른 속도로 변해가는 지금, 스마트폰으로 나누는 대화가 소통의 대부분인 사람들이 폭증하는 현재를 살아가는 우리에게 가장 필수적이고 중요한 리더의 미덕으로 부상하고 있는 것은 인터넷 세상만이 아닌 진짜 세상에서도 도움을 주고받을 수 있는 사람들과의 관계를 만들고 운영하는 능력이다.

디지털 환경이 아무리 급변하더라도 서로 만나서 함께 살아가야 하는 인간 본연의 일들은 여전히 유지될 것이며, 기계가 아닌 인간들만이 할 수 있는 영역이 오히려 미래에 더 각광받는 직업이 될 것이다. 기계를 다루고 사용하는 일들만으로 사회적 성과를 내는 데는 한계가 있기에 앞으로는 인간과 인간의 수평적 관계 유지가 더욱더 중요해진다. 그러므로 다른 사람들보다 더 시야가 넓고 깊은 리더가 되려면, 서로 도우며 '함께 존재할' 수 있도록 수평적 소통 능력을 키우는 것이 필수적이다.

여기서 중요하게 대두되는 문제가 바로 '상호 커뮤니케이션'이다. 네트워크는 '일방적인' 의사소통으로 할 수 없다. '사랑'을 완성하려면 당사자인 남자와 여자가 모두 합의를 해야 하는 것과 마찬가지다. 내가 누군가와 일방적으로 인맥을 맺고 싶다고 해서 맺어지는 것도 아니고 누군가가 나와 인맥을 맺고 싶다는 프러포즈를 해와도 나는 언제든 거부할 권리가 있다. 적절한 상호 커뮤니케이션을 통해 서로가 서로에게 매력을 느꼈을 때 비로소 진정한 관계를 유지할 수 있다.

조직을 통솔하는 리더가 되려면 상호 커뮤니케이션에 역점을 두어야 한다. 공존의 마인드는 앞으로 더더욱 중요해질 것이다. 수평 관계에 대한 자신감은 공존의 능력에서 시작된다는 것을 알아야 한다. 상대가 아무리 잘나가도 철학적으로나 원칙적으로나 공존할 존재가 아니면 버릴 용기가 필요하듯, 상대도 같은 마음이라는 걸 잊어서는 안 된다.

다시 말해 미래의 0.1% 리더를 만드는 차이, 그것은 '깊이 있는 네트워크'를 운용할 수 있는가, 그렇지 않은가에 달려 있다.

진정한 네트워크는 단순히 양적 크기만으로 결정되는 것이 아니다. 무분별하게 확대된 네트워크는 오히려 우리 관계 자체에 권태를 초래할 수 있다. 진정한 리더십은 남과 공존하고 공생할 줄 아는 진짜 인맥을 확장하는 데서 출발한다.

지금 내 그림자나 후광이 아닌 진짜 나를 좋아해주는 친구를 만나고 열심히 돕고 함께 즐겨라. 내가 친구의 무거운 짐을 들어주고 싶고, 또한 내 무거운 짐을 들어줄 수 있는 친구를 만나야 강해진다.

05

리더는
허리를 숙이지 않는다

공자는 "남이 자신을 알아주지 못함을 걱정하지 말고 내가 남을 알지 못함을 걱정해야 한다"고 했다.

군자란 자신에게 있는 것을 구한다는 뜻으로 내가 남을 알지 못하면 그의 옳고 그름과 간사하고 정직함을 분별할 수 없기에 그것을 걱정한다는 것이다.

그렇다. 남을 제대로 알아야 좋은 인재를 구분할 줄 아는 리더가 될 수 있다. 그리고 리더 또한 의지와는 다른 오해를 일으키는 태도를 주의하는 것이 바람직하다.

브랜드는 내가 만들지만, 그 브랜드에 대한 이미지는 타인이 결정한다. 리더라는 브랜드도 마찬가지다. 타인에게 오해를 받지 않도록 하는 것이 중요하다. 공자의 말씀 중 남을 분별하지 못하는 것의 걱정은 결국 남도 나를 분별하고 있다는 것을 내포하고 있는 게 아니겠는가. 오해를 받지 말아야 한다는 것이다. 무엇이든 노력은 해야 하지 않겠는가. 그럼에도 남이 알아주지 못함은 걱정하지 말자.

남을 알 수 있는, 즉 분별하는 방법 중 하나가 바로 비언어 행위를 통해서다. 우리가 흔히 아는 미소에도 진짜 미소와 가짜 미소가 있다. '뒤센 미소'는 뒤센이라는 심리학자의 이름에서 따온 것으로 눈과 입이 웃는 진실한 미소를 의미한다. 뒤센은 사람이 웃을 때 광대뼈와 눈꼬리 근처에 사람의 표정을 결정짓는 근육이 있다는 것을 발견해낸 프랑스의 신경학자다. 폴에크만이 그의 이름을 따서 진짜 미소를 '뒤센 미소'라고 이름 붙였다고 한다. 우리 얼굴에는 표정을 만들어내는 마흔두 개의 근육이 있는데, 이 근육을 써서 만들어낸 표정 중에는 열아홉 가지의 서로 다른 미소가 있고, 이 중에 열여덟 가지는 모두 가짜 미소(인위적인 미소)이며 진짜 미소는 입과 눈이 함께 웃는 뒤센 미소 하나밖에 없다.

내 앞에서 가짜 미소라도 지어주는 성의를 보이는 조직원들을 보며 혹시라도 회의가 너무 길지는 않은지 생각해볼 수 있다는 이야기다. 혹은 간신을 찾아내는 데 도움이 되기도 한다.

국내에서 메라비언 법칙으로 잘 알려진 앨버트 메라비언은 비언어 행위에 의미를 부여하는 세 가지 차원(방식)을 구분해 설명한다. 바로 친밀성, 지위, 반응성이다.

친밀성 차원은 우리는 어떤 대상물에 대해서 긍정이나 부정, 좋음이나 나쁨, 좋아함이나 싫어함 등의 평가를 통해 반응한다는 것이다. 긍정이나 좋아하는 느낌을 받으면 그에 반응하는 비언어 행위가 나온다는 것이다. 예를 들면 첫 만남에서 먼 거리 환영 인사의 전형인, 미소 짓고 눈썹을 치켜 올리고 머리를 뒤로 젖히며 다가가는 행동에서 반응의 친밀성을 유추해볼 수 있다. 빠르게 다가가 포옹하듯 악수하면 긍정 신호다. 그러한 긍정 평가를 하면 서로 리듬을 맞추는 행위가 많아진다. 함께 웃고 고개를 끄덕이기도 하고 서로의 시선이 부드러워져 응시하는 게 불편하지 않아서 자주 서로를 바라보게 된다는 것이다. 물론 부정적인 느낌을 받았을 때는 반대의 현상이 나타난다고 보면 된다.

지위 차원은 인간은 강함이나 약함, 상사나 부하 등 다양한 형태의 신분을 구분하여 반응한다는 것이다. 예를 들어 지위가 낮거나 약함을 드러내는 반응에서는 자신을 작게 보이기 위해 몸을 숙이거나 움츠리는 행위가 잦아진다. 2018년 4월 남북정상회담 시 김정은 위원장은 문재인 대통령 앞에서는 그러한 몸동작을 보이지 않았지만 시진핑 주석을 만났을 때는 복종의 몸짓을 자주 보이곤 했다.

반응성 차원은 행동의 느림이나 빠름, 능동이나 수동 등을 인지할 수 있다는 것이다. 빠른 걸음걸이나 손동작, 말의 속도를 통해서도 그 사람의 성향을 파악할 수 있다. 대부분의 전문가에 의하면 비언어는 순간에조차 진심을 숨기기 쉽지 않다.

비언어 신호는 언어처럼 이중 의미를 내포할 수 있고 친밀성, 지위, 반응성을 정하는 데 중요한 역할을 할 수 있다는 것이다. 우리는 다른 사람들에게 지속적으로 태도, 느낌, 개성에 대해 알리고 있고, 어떤 사람들은 다른 사람들이 보내는 신호를 감지하고 해석하는 데 더욱 능숙할 수도 있다는 것이다.

자세는 상대적 지위 또는 상대방에 대한 호감도를 나타내는 데 활용한다. 고개를 숙이고 어깨를 움츠리며 자신을 상대보다 작게 만드는 자세는 두렵거나 자신감이 없을 때 나온다. 이는 상대에게 복종한다는 의미로 해석된다. 그래서 리더는 함부로 허리를 숙이지 않는다. 빌 클린턴이 대통령 선거 유세를 할 때 바깥으로 향하는 손동작을 사용하면서 지지율이 올랐다는 분석 기사가 나올 정도로 리더에게 몸동작은 하나하나가 메시지이며 이미지다.

참고로 비언어 커뮤니케이션 연구자들이 밝혀낸 최고의 카리스마 몸짓은 탑 형식의 손동작이다. 흔히 프로필 사진을 찍을 때 자주 취하는 자세다. 두 손을 펴고 손끝을 모아 탑을 지은 듯한 손 모양을 통해서 카리스마를 표현하려고 한다. 또한 권위를 중요시하는 지위에 있는 정치인들이 가장 많이 활용하는데, 준비된 인물임을 과시하려 할 때 사용한다. 물론 똑같은 행위라도 상황에 따라, 맥락에 따라 의미가 다양할 수 있다.

06

악수는 손이 아니라
마음을 잡는 것

악수는 세계적으로 쓰이는 공통 인사법이다. 그런데 내가 수천 명의 리더를 만나보고 느낀 점은 악수도 제대로 못 하는 리더가 생각보다 많다는 것이다. 물론 신입 시절에 배운 것을 기억하기 란 쉽지 않을 것이다. 대부분 현장에서 경험을 통해 배우다 보니 리더로서 하지 말아야 할 위험한 행동도 서슴지 않는다.

악수에도 위아래가 있다. 악수는 보이지 않는 전쟁 중 하나다. 그래서 나는 강의나 컨설팅을 할 때 빼놓지 않고 '리더의 악수'에 대해 언급한다. 비즈니스에서 악수의 중요성에 관한 사례로 교육생과 공감하고, 그 후 매우 기초적인 악수 매너부터 코칭을 시작한다. 그러면 예상외의 질문도 많고 반응이 좋다.

악수는 인사의 일종으로 서로의 눈과 서로의 배꼽이 마주

볼 때 기본자세가 갖춰진다. 서열이 높은 사람이 먼저 청할 수도 있다. 서열이 높은 사람의 가슴에서 허리 사이로 손을 내밀어 높이를 맞추는 것이 중요하다.

기초 부분을 완성하고 나면 이젠 각도다. 손은 바닥과 90도를 이룰 수 있도록 세우는 것이 좋다. 한쪽으로 치우치면 오해받을 수 있다. 서열이 낮은 사람이 왼쪽으로 손을 기울여 손등이 하늘로 더 많이 향하면 상대는 언짢은 표정을 짓거나 불편해할 수 있다. 권위의 악수이기 때문이다.

두 손으로 맞잡고 하는 악수도 위험하다. 이는 정치 악수로 통하는데 일명 '리더의 악수'다. 대부분 포옹 대신 하는 인사법으로 반가움을 표현하며 친밀할 때 하는 악수라고 생각하지만, 상대의 손목에서 팔뚝·어깨까지 왼손이 올라갈수록 권위와 힘을 상대가 강하게 느끼게 하는 악수이므로 서열이 낮은 사람이 해서는 안 되는 악수다.

남북정상회담 때 문재인 대통령의 깜짝 월경이 세계적인 이슈가 되었다. 여기서 우리가 주목해야 할 장면이 있다. 바로 김정은 위원장과의 악수다. 남측 지역에서는 한 손으로 악수했지만, 북측 지역으로 넘어갔을 때는 자신의 왼손을 문 대통령이 악수하는 오른손에 올리는 악수를 했다. 이 행동은 여러 추측을 남겼다.

첫 북중정상회담 때 김정은 위원장과 시진핑 주석의 악수를 살펴보자. 수차례 김 위원장이 주석의 두 손을 잡으며 리더의 자세를 취한다. 그때 시진핑 주석의 표정을 자세히 살피면 약간의 불쾌감이 비친다. 그도 '리더의 악수'를 알기 때문일 것이다. 중국에서 북한 김정은을 위해 준비한 그동안의 관계와 인연을 소개하는 영상의 마지막 장면을 유심히 보면, 둘이 악수하는 장면 중 주석의 왼손이 위원장의 오른손을 감싸며 두 손으로 악수하는 리더로서의 모습을 담은 사진으로 마무리했다. 이는 리더들의 악수가 여러 가지 의미, 그중에서도 누가 우위에 있는가를 보여주기 때문이다.

마지막으로 매력을 더하고 싶다면 눈을 마주 보며 보내는 미소가 효과적이다. 어떻게든 많은 사람의 손을 잡으려는 정치인의 악수는 따라 해서는 안 된다. 그들은 가장 중요한 상대와의 시선 교환을 놓치며 상대에게 호감을 표현하는 제스처 중 하나인 상대의 배꼽과 마주하지도 않는다. 그저 많은 유권자의 손을 잡는 데만 집중하므로 매력을 전달하는 데 실패하는 경우가 많다.

2016년 미국 대선 현장에서 도널드 트럼프 당시 후보를 만났을 때, 그에게 매력을 느꼈던 2~3분 동안의 악수하는 순간을 잊을 수 없다.

내가 경험한 그는 자신 앞의 사람과 악수를 하는 동안에는 그가 누구든 몸이 악수하는 사람에게 자연스레 향했다. 주변을 살피는 듯한 흔들리는 시선을 찾아볼 수 없었고 편안하지만 자신감 있는 시선과 미소를 담아 말을 건네며 호감을 표현했다. 오롯이 악수하는 그 사람과의 시간을 갖고 있을 뿐 주변의 시선은 무시하는 듯 보인다. 그냥 스쳐가듯 많은 이와의 악수에 의미를 두는 여느 정치인들의 성의 없는 악수와는 달랐다. 악수하는 상대방이 특별한 대접을 받고 있다는 느낌이 들었다. 리더에게 악수는 상대의 마음을 얻을 수 있는 중요한 접점임을 잊어서는 안 된다.

그 외에도 이성과의 악수에 대한 질문이 많았다. 가장 무례한 악수는 상대가 본인을 이성으로 느끼게 하는 악수다. 손을 잡으면서 집게손가락으로 상대의 손바닥을 긁는 듯 장난을 친다거나, 너무 강하게 힘을 모아서 하는 남자들의 악수가 그렇다. 여성들이 손가락 끝으로만 하는 악수인 일명 공주 악수, 힘없이 나약함을 느끼게 잡거나 손을 잡지 않는 악수 등도 예의에 어긋난다.

글로벌 에티켓을 따르면 악수의 서열을 정할 때도 직급이 같다면 여성이 남성보다 서열이 높다. 아직 우리나라 문화는 직급이 높은 여성이 먼저 악수를 청하거나, 서열이 높은 남성이라도 여성에게 먼저 악수를 청하는 것을 어색해하고 어려워한다. 이제는 시대도 세상도 바뀌었다. 리더라면 기꺼이 여성 또는 남성을 가리지 않고 프로토콜에 준한 악수의 자세를 갖추어야 한다고 조언하고 싶다.

인간은 초등학교 3학년 무렵부터 사람 간의 거리가 갖는 의미를 학습하게 된다. 인류학자인 에드워드 홀은 친밀한 거리는 신체 접촉부터 45cm, 개인적 거리는 46~120cm, 일반 업무를 위한 사회적 거리는 120~360cm라고 규정한다. 서로 잘 알지 못하는 사람들이 큰 라운지에서 비개인적인 주제를 가지고 대화를 나누는 상황에서의 가정이다. 실제로 경찰의 심문 가이드에 따르면, 용의자를 심문할 때 가급적 용의자와 가깝게 앉을 것을 권하고 있다. 용의자의 개인 영역을 줄이는 것이 방어에 대한 기회를 주지 않아 심문자인 경찰관에게 심리적 우위를 준다는 이유에서다.

정치인들은 직업 특성상 원하든 원치 않든 수많은 사람을 자신의 영역으로 끌어들인다. 특히 리더(대통령)들은 대화의 거리 안에서 우위를 차지하려고 수많은 기술을 사용한다. 예를 들어 트럼프 미국 대통령의 아베 신조 일본 총리와의 19초, 에마뉘엘 마크롱 프랑스 대통령과의 6초, 앙겔라 메르켈 독일 총리의 악수 요청 거부 사례는 첫 만남의 악수가 얼마나 만만치 않은 관문인지 느끼게 한다. 미디어 노출만으로는 누가 더 불편한지 또 심리적 우위를 차지했는지 알기는 쉽지 않다.

서로 손을 잡을 수 있는 거리 안으로 들어오는 것은 솔직히 그 사람의 마음을 잡고 싶다는 것을 의미한다. 손을 잡으려는 것은 친밀함을 원하는 무언의 제스처일 수 있다. 물론 무례하지 않은 기본을 지킨다면 말이다.

글로벌 에티켓에 따르면 악수는 3~4초 동안 상대의 손을 굳게 잡고, 눈을 바라보며, 미소 짓고, 인사하는 행위다. 죽은 생선같이 힘없는 악수, 손이 으스러져라 꽉 잡고 압력을 가하는 악수, 땀이 축축한 손으로 하는 악수처럼 상대에게 불쾌감을 주는 결례만 피하면 된다. 나라마다 문화가 다르듯 악수에 대한 매너도 조금씩 다르다. 독일은 아주 강하게 잡되 단번에 마무리하고, 프랑스는 가벼운 손의 압력으로 상대의 손을 잡는다.

하지만 어느 나라든 악수에는 숨겨진 심리적 룰이 있다. 악수 당사자 간의 유대의 정도, 혹 기대하는 유대의 강도는 악수하지 않는 손을 살핌으로써 알 수 있다. 그런 면에서 첫 만남의 악수에서 트럼프 대통령은 왼손으로 문재인 대통령의 어깨를 가볍게 두드렸고 문 대통령은 왼손으로 트럼프 대통령의 오른손 팔목을 잡았던 광경은 여러 의미를 담고 있다.

트럼프 대통령은 문 대통령의 질문에 "나는 악수를 어떻게 해야 할지 모르겠다. 이렇게 하면 이런 말이 나오고, 저렇게 하면 저런 말이 나와서 악수가 조심스럽다"고 했다. 이것이 과연 진심이었을까? 아니면 또 다른 그만의 기치를 드러낸 걸까?

문재인 대통령의 전언에 따르면 보도를 통해 들었던 이미지와 다르게 트럼프 대통령은 악수나 접대에서 대단히 정중하고 친절했으며, 미리 말할 내용을 준비해서 한다는 생각이 들었다고 한다.

만약 트럼프가 그동안 보여준 독특한 악수법이 그가 만난 정상들과 더 강한 친밀감을 형성하는 데 도움이 되었다면, 그 악수는 성공한 것이다. 요즘 언론이나 대중이 인식하는 '악수도 제대로 못 하는 대통령'의 모습으로만 볼 것은 아니라는 말이다. 협상 능력의 기술로서 트럼프만의 독특한 습관이라는 것이 더 적당한 해석 같다.

악수는 상대의 손이 아니라 마음을 잡는 것이다.

0
7

미세한 표정과 몸짓으로
소통한다

2018년 9월 18일부터 20일까지 평양에서 열린 3차 남북정상회담에 실타래처럼 얽힌 문제를 풀어가야 할 남북한의 최고지도자는 자신의 표정과 동작 하나하나를 통해서도 국내외에 중요한 메시지를 전해야 했기에 각별한 주의를 기울였다. 이 과정에서 나타난 남북한 두 정상의 이미지 전략을 살펴보자.

두 지도자가 대면하는 첫 장면에서는 열정과 바쁜 마음이 드러났다. 비행기 문이 완전히 열리기도 전에 나오는 문재인 대통령과 매우 빠른 걸음걸이로 다가서는 김정은 위원장의 모습에서 이런 심정을 엿볼 수 있었다.

이 모습을 통해 3차 남북정상회담이 적극적이고 긍정적으로 흘러갈 것임을 예측할 수 있었고, 두 정상의 치밀한 이미지 전략은 회담이 열린 사흘 내내 돋보였다.

첫 만남에서 김정은 위원장은 정상 국가로서 북한의 이미지를 공고히 하기 위해 두 가지 메시지를 던졌다.

첫째, 리설주를 오른쪽에 세웠다. 기본적인 글로벌 에티켓을 따르면 여성이 서열이 높은데, 부인을 상석인 오른쪽에 세움으로써 '레이디 퍼스트Lady First'라는 세계 보편적 에티켓을 지키는 모습을 보인 것이다. 문재인 대통령이 성남공항에서 김정숙 여사를 먼저 비행기에 탑승시키며 에스코트한 것과 같은 맥락이다.

둘째, 문재인 대통령을 오른쪽에 세웠다. 언급했듯 의전의 기본은 서열이 높은 사람이 오른쪽에 서는 것이다. 사진을 찍을 때 문재인 대통령을 오른쪽에 서게 해 국제 의전에 따르는 것을 보여주며 상대를 존중하는 예의를 표현했다.

김정은 위원장이 환영 의식에 이렇게 많은 의미를 두고 신경 쓴 이유를 짐작할 수 있다. 가장 먼저 각인된 기억이 상대적으로 오래간다는 초기 효과 때문일 것이다. 대중의 기억 속에 가장 선명하게 남는 내용은 맨 먼저 들었거나 가장 나중에 들은 것이다. 그래서 글로벌 각국 정상들은 환영 의식과 송별 의식에 특별한 공을 들인다.

3차 정상회담에서 김정은 위원장은 앞선 두 번의 정상회담과 확연히 달랐다. 서로 껴안았고 근엄하게 턱을 들고 때로는 당황하는 모습을 보이기도 했다.

첫째, 김정은 위원장은 문재인 대통령과의 만남에서 포옹을 먼저 시도했다. 정말 친한 사이가 아니라면 15cm 이내의 거리까지 다가가는 것은 불편함을 부른다. 그런데 거리가 좁혀진 두 정상의 표정은 내내 밝았다. 그만큼 더 친밀해졌다는 것을 확인할 수 있다. 1차 정상회담의 첫 만남의 악수에서 친밀한 거리 45cm를 지키며 예우를 지키는 모습을 보였던 것과는 확연히 달랐다.

둘째, 김 위원장은 평양 시민들에게 근엄함을 보이기 위해 턱을 들어 무표정한 모습을 유지했다. 이것은 1차 남북정상회담 때 "잘 연출되었나요?" "멀리 왔다고 하면 안 되겠구나" 등의 유머를 구사하며 함께 있던 사람들을 위해 환하게 웃던 표정과는 사뭇 다른 모습이었다.

셋째, 김정은 위원장이 당황하는 장면도 눈에 띄었다. 문재인 대통령이 환영을 위해 나온 평양 시민 한 사람 한 사람과 악수할 때였다. 이 모습을 지켜보던 김 위원장은 빠르게 진행하려고 문 대통령 허리에 손을 얹으며 리드하려고 했다. 이때 문재인 대통령과의 친밀함과 북한 주민을 향한 근엄함 사이에서 잠시 당황하는 모습을 보였다.

김 위원장은 그보다 앞서 트럼프 대통령과 만날 때는 권위와 함께 관찰하는 모습을 드러내며 아직 좁혀지지 않은 두 사람의 관계를 짐작하게 하는 행동을 보여주었다.

그런데 문 대통령과의 만남에서 변화를 보임으로써 앞으로 전개될 북미정상회담에서는 어떤 행보를 취할지 강한 궁금증을 불러일으켰다.

치밀한 행동으로 보여준 메시지

치밀함이 돋보이는 김정은 위원장도 긴장할 때, 당당함과 위엄을 나타내고 싶을 때 보이는 행동이 있다. 이 행동은 김 위원장의 눈과 손에 잘 나타난다. 앞선 두 차례의 남북정상회담과 한 차례의 북미정상회담에서도 긴장할 때 이 행동을 보였었다.

사람의 동작에는 심리적으로 미세한 부분이 담겨 있다. 동작은 '타고난 동작'과 '훈련된 동작'으로 구분되는데 아무리 훈련해도 고쳐지지 않는 동작은 긴장할 때 나온다. 일반인은 긴장하면 목소리가 떨리고 손발이 흔들리곤 한다.

김정은 위원장도 마찬가지다. 손을 모아도 손가락이 감당되지 않는 경우다. 여기에는 두 가지 의미가 있다. 첫째, 자기 접촉의 자세다. 자신의 몸 일부분이나 옷 또는 머리를 만지며 자기 위안을 하는 것이다. 둘째는 긴장감의 표시다. 의지와 달리 움직이는 손가락이 긴장을 표시한다. 김정은 위원장은 특히, 긴장할 때 자주 이 손동작을 한다.

또한 김 위원장은 긴장할 때 시선을 아래로 내리며, 앞을 올려보는 것을 어색해한다. 이 행동은 북미정상회담과 1~2차 남북정상회담에서 나타났고, 3차 정상회담의 이틀째 회담에서도 찾아볼 수 있었다. 문 대통령과 회담장까지 걸어갈 때 그랬고, 사인 전후에는 앞을 보는 것보다 아래를 내려다보는 행동이 더 많았다. 선언문을 발표할 때까지 김정은 위원장의 시선에는 불편함이 꽤 엿보였다. 이 행동은 4·27 합의문을 발표할 때와는 사뭇 다른 모습이었다.

공동 선언문에 서명하러 복도를 걸어올 때부터 시선을 아래로 둔 채 걷는 김 위원장의 모습이 비쳤으며 문 대통령과 마주했을 때도 시선을 회피하는 듯 보였다. 그리고 선언문에 서명하고 나서 악수할 때도 문 대통령과 잠깐만 눈을 마주치고는 시선을 피했다. 이때 흔들리는 시선 처리를 포착할 수 있었다.

상대를 응시한다는 것은 적극적인 감정의 심리를 나타내며, 시선 회피는 부끄러움이나 불편한 감정을 드러낸다. 김정은 위원장의 이러한 시선 처리는 한마디로 두 정상이 기존에 보여주었던 친밀함과는 거리가 있는 불편함을 드러낸 것이다.

그렇지만 김 위원장은 만찬이나 이후 행사에서는 또다시 친밀한 눈빛과 행동들을 보여주었다. 사실 이러한 비언어 커뮤케이션에 대해서는 여러 갈래의 해석을 할 수 있다. 남북 간 합의 내용에 전 세계의 관심이 쏠린 만큼 김 위원장이 무거운 책임감과 부담을 느꼈을 것이라 짐작할 수 있다. 현재 국면이 두 지도자에게 얼마나 무거운 마음의 짐인지도 엿볼 수 있다. 미래에 대한 긴장이든, 환경에 의한 긴장이든 김 위원장의 행동에 숨은 마음과 실행 의지를 읽을 수 있기를 바란다.

김정은 위원장이 30대 젊은 리더라는 점을 고려할 때, 돌발 상황에서 나타나는 훈련되지 않은 행동들을 통해 그의 심리를 어느 정도 들여다볼 수 있다. 하지만 이것이 충분히 관리되어 연출된 모습에는 북한 내부 시스템이나 자신의 전략적 의도를 담고 있을 수 있다. 그러므로 단순히 젊은 정치 지도자의 우발적 행보로 치부할 수는 없다.

김정은 위원장의 훈련된 행동 중 당당함과 위엄을 보여주는 박수를 한 번 살펴보자. 평양 방문 첫날 두 리더가 평양 시내에서 카퍼레이드를 하는 모습은 오래도록 기억될 장면이다. 김 위원장이 보여준 권위적인 행동은 일반적인 리더들의 카퍼레이드에서는 볼 수 없는 흔치 않는 장면이다.

더구나 그의 행동과는 확연히 비교되는 적극적인 소통의 손동작을 보여준 문재인 대통령 모습과 함께 점차 그 모습을 따라하는 김 위원장을 볼 수 있는데 이 영상은 이미지 전략과 커뮤니케이션을 연구하는 데 앞으로 유용한 자료로 남을 것이다.

김 위원장은 선루프에 한쪽 팔을 올리고 기댄 듯한 동작을 한 채 평양 시민들을 아래로 내려다보는 듯한 자세를 취한다. 가끔은 턱을 올려 자신감도 드러낸다. 그중에서도 김 위원장이 박수를 치는 모습은 주목할 만하다. 이 박수는 바로 권위의 상징을 나타낸다.

평양 시민들은 두 손을 위로 들어 박수로 환영했다. 하지만 김정은 위원장은 걸터앉은 왼팔에 의지해 박수를 치는데, 가슴 위쪽으로는 거의 손을 올리지 않았다. 이는 권위의 박수로 최고 권력자의 박수라고도 한다. 할아버지 김일성 때부터 아버지 김정일, 김정은 위원장까지 활용하고 있다. 시민들은 그러한 권력자에게 동조하고 환호하는 표현으로 손을 높이 올려 박수 치며 화답하는 것이 일반적이다.

그런데 의전상 상석에 선 문재인 대통령은 팔을 크게 들어 평양 시민들의 환영에 화답했다. 이렇게 밖으로 크게 뻗은 손동작은 대중과의 소통을 강조하는 제스처다. 빌 클린턴과 버락 오바마 대통령도 많이 썼는데 선거 홍보에서는 지지율을 올리는 손동작이라 칭한다.

이렇듯 문재인 대통령은 친밀함을 통한 적극적인 소통의 손동작을 활용했다. 그러자 김정은 위원장도 문 대통령의 손동작과 표정 따라 하기mirroring를 통해 시민들에게 친밀함을 보이는 흥미로운 모습도 연출하였다.

북한 핵을 둘러싸고 극도의 갈등과 긴장감이 조성된 외교 국면에서 리더들의 이미지 전략이 치열하게 전개되었다. 그리고 그들의 작은 행동 하나하나에 매우 깊은 의미가 함축되어 있었다. 상대에게 어떤 메시지를 전달하려고 하는지 또는 그 의지와는 다르게 실제로 어떤 메시지를 주는지 분석하고 조사하고 연구하고 고민한 결과다. 그리고 정치 지도자들이 현장에서 이를 언행으로 옮기고 있다. 리더의 이미지 전략이 곧 외교전이 되는 것이다.

나는 다른 분야에서도 이러한 이미지 전략을 벤치마킹하기를 바란다. 특히 기업 리더들이 내외부 커뮤니케이션에 이미지 전략을 적극 도입하여 활용했으면 좋겠다.

리더십의 가장 큰 난제는 바로 사람이다. 다른 사람과 내 마음이 똑같지 않기 때문이다. 그래서 타인의 오해를 풀거나 리더의 뜻을 이해시켜 실행에 옮기는 데 너무나 많은 시간과 노력을 쓰고 있다.

진정한 소통의 시작은 '타인에게 제대로 전달하기'에서 시작하며 그를 위해 노력하는 마음이 우선되어야 한다.

어느 분야의 리더든 그 진심을 타인에게 어떻게 오해 없이 매력적으로 전달할 수 있을까를 고민하는 이미지 전략은 반드시 갖추어야 할 덕목이다.

0
8

가족과의
소통이 불편하십니까?

솔직히 소통도 하던 사람이 잘한다. 가족 간 소통도 마찬가지다. 어느 날 갑자기 책 한 권 읽거나 강의를 듣는다고 쌓인 문제가 해결되지는 않는다는 이야기다.

15년 정도 고려대학교 경영대학에서 학생들을 만났다. 3학점 수업을 하다 보니 수업에 임하는 학생들이 더 진지하고 적극적이다. 학생과 수업하면서 빠지지 않고 했던 실습이 가족에게 문자 보내기다. 50여 명 되는 모든 학생이 전화기를 꺼내 쓰는 유일한 시간이기도 하다. 부모님께 '사랑합니다. 키워주셔 감사합니다'라는 문자를 보내고 나서 온 답장 문자를 소개하며 가족과의 소통 방법을 배우는 것이다. 그 실습을 하다 보면 가족끼리의 소통과 현실에 대해 많은 것을 느끼게 된다.

그날의 교실 풍경은 정말 흥미롭다. 3분의 1 정도의 학생들은 자연스럽게 스마트폰을 꺼내 들고 아주 빠른 속도로 부모와 소통하고 있던 그들만의 채널을 찾아 글을 쓴다. "오늘 아침에도 했는데…"라며 신나서 이야기하는 학생들도 더러 있다. 나머지 3분의 1은 귀찮은 일을 시키는 교수에게 원망하는 무언의 비언어 신호를 보내지만, 수업의 일환이니 불편해도 실습을 진행한다. 문제는 나머지 3분의 1이다. 이 학생들은 잠시 몸의 움직임이 멈춘다. 어떻게 해야 할지 정말 모르겠다는 몸짓이다. 굳어 있는 학생들의 표정을 보며 "문자 왜 안 보내요?"라고 물으면, 답변이 거의 매년 비슷하다. "제가 실습을 하기 싫거나 교수님을 무시하는 것은 아닌데요. 부모님께 그 문자를 보내면 놀라시거나 걱정하실 것 같아서 어떻게 해야 할지 잘 모르겠습니다"라는 식이다. 이럴 때는 강하게 "그렇다면 학점은 신경 쓰지 않는다는 거죠? 원하는 대로 하세요"라고 말하며 반강압적으로라도 문자를 보내게 해본다. 억지로 보낸 문자는 이후 꼭 사건을 불러온다. 10여 년간 결과가 거의 비슷해 신기할 정도다. 갑자기 전화벨이 울리거나 걱정하는 문자가 속속 도착한다. "무슨 일 있니?" "어디야?" "돈 필요한 거니?" "왜 그래?" 등 반응들이 가지각색이다. 기뻐할 거라 생각했는데 예상치 못한 부모의 불편해하는 반응에 처음 몇 년은 당황하기도 했다.

그때 확실히 알았다. 소통도 하던 가족이나 잘하는구나. 그렇다면 어떻게 해야 서로 서운하지 않은 소통을 할 수 있을까?

이 학생들이 가지각색의 반응을 보이는 것은 우리 부모 세대도 그만큼 가지각색이기 때문일 것이다. 우리 아이는 보고 배운 대로 행동한다는 이야기다. 집 안에서 아이들에게, 남편에게, 아내에게 표현하는 소통 방식 그대로 아이들에게도 묻어나는 것이라 확신한다. 그런데 바쁘고 잘나가는 부모일수록 표현이 서툰 경우가 더 많았다.

중년의 임원 교육을 할 때도 문자 보내기 실습을 했던 적이 있는데, 학생들과 거의 비슷한 반응과 비율이 나타난다는 점이 무척 흥미로웠다. 학점이라는 무기를 쓸 수 없다 보니 보내지 않는 임원도 꽤 있다. 그런데 그런 임원은 대부분 문자 보낼 때 멈춤 현상을 보인 그때의 학생들과 처지가 같을 것이라 추측한다. 가족이 걱정할 것이고 괜히 오해받는 것이 싫어서 그런 게 아니었을까? 아이들과 또 다른 반응은 문자를 보낸 중년 부모에게서 나타난다. 문자 보낸 후부터 거의 스마트폰에만 신경을 쓴다. 아이나 반려자에게 답변이 오기만 기다리는 것이다. 아이들보다 2~3배 더 관심이 많다. 그리고 아이들이 부모에게 보낸 문자의 답은 거의 1분 아니 30초 안에 오는 경우가 많은데, 부모가 받아야 할 답 문자는 야속하게도 그 시간의 몇 배로 느리게 도착한다. 그러다 보니 이후 강의 진행이 어려워 1년 정도만 하다가 요즘은 사례만 이야기하고 하지 않는다.

가족 소통을 어떻게 해야 하나? 결론은 가족도 회사 일처럼 관리를 해야 한다. 대한항공 오너가의 갑질 사례가 좋은 예다. 부모는 아이들의 거울이다. 1990년대 초반 대한항공에서 5년간 근무를 했다. 퍼스트 클래스든 이코노미 클래스든 탑승한 아이들은 거의 부모의 태도를 닮아 있다. 젠틀한 부모, 다른 승객을 배려할 줄 아는 부모와 탑승한 아이들은 거의 부모의 태도와 행동을 따라 하듯 비슷하게 예의 바르다. 만약 어린 아이들이 기내 룰을 지키지 않으면 이 부모들은 따끔하게 아이를 혼내거나 무언의 가르침을 주며 아이들이 긍정적으로 변하게 하는 모습을 종종 보았다.

반대로 소란을 피우는 어린이에 대해 어리니까 이해해줘야 하는 것 아니냐는 성향을 지닌 부모는 모든 잘못을 타인 탓을 하거나 본인 아이만 사랑스럽게 바라본다. 장난이 지나쳐서 시정을 요구하는 상대가 있다면 오히려 화를 내기도 한다. 신비로울 정도로 그 아이들의 태도도 닮았다.

승무원 시절 운이 좋게도(?) 기내 방송 자격이 A라는 이유로, 그 시절 오너였던 사장이 탑승하는 비행을 한 적이 몇 번 있었다. 그때도 눈살을 찌푸리게 하는 일들이 없었던 건 아니다. 20년이 지나고 나서 대한항공의 웃지 못할 사태를 보며 어쩌면 갑질로 시작한 위기는 20년 전부터 예정된 것이 아니었을까 하는 생각이 스친다. 그런데 그들만 그런 것이 아니라는 것이다.

다시 우리 가족의 관리, 소통 이야기로 돌아가자. 사랑의 표현이 어색한 우리 그대로를 아이는 따라 한다. 남편도 아내도 그렇게 서로 닮아간다. 그렇다면 반대로 가족에게 인정받고 싶고 사랑받고 싶은 그대로를 내가 먼저 행동한다면 어떻게 될까? 어느새 우리 가족은 그렇게 변해가고 있을 것이라 생각한다.

솔직히 갑작스럽게 변하는 것은 힘들다. 하지만 어색하고 힘들어도 어른인 리더가 먼저 다가가야 한다. 그게 가족 관리의 첫 시작이다. 내가 먼저 소통하려고 시도해야 한다. 그래야 집이 진짜 안식처가 된다.

09

스토커와
연인의 차이

아직도 주변의 모든 이성과 사랑할 수 있다고 생각하는 사람이 있을까? 만약 이런 이가 있다면 착각하지 말자. 사랑은 연인이랑 하는 것이다. 사랑이 완성되려면 당사자 둘이 합의해야 하는 것이 원칙이다. 내가 누군가와 관계를 맺고 싶다고 해서 그냥 맺어지는 게 아니다. 마찬가지로 누군가 내게 프러포즈를 해와도 나는 언제든 거부할 권리가 있다.

짝사랑이 애잔한 이유는 사랑하는 이의 진지하고 아름다운 사랑만큼 그 사랑을 받는 상대가 그 마음을 몰라주거나 받아주지 않아서일 것이다. 스토킹이 무서운 이유는 당사자는 '사랑하기 때문'이라는 전제로 시작해 상대에게 하는 모든 행위 또한 사랑이라 믿고 있지만, 정작 받는 이는 그 과함 자체가 싫고 때로 그 행위가 두려움으로 다가오기 때문일 것이다. 결국 연인끼리의 사랑에서 가장 중요한 것은 '함께 공유하는 상호 작용'이다.

이는 리더의 인간관계 법칙에도 똑같이 적용할 수 있다. 적절한 상호 커뮤니케이션을 통해 서로가 서로에게 매력을 느꼈을 때, 진정한 관계가 맺어지고 내 사람이 생겨나는 것이다. 핵심은 상대방과 수직 관계가 아니라 공존 마인드로 형성된 수평 관계를 형성할 수 있어야 한다는 것이다. 상위 1% 리더가 되려는 인재에게 '함께하고 싶은 관계로서의 존재감'이 필수 덕목 1순위인 이유다.

중학생 딸아이를 보며 "저 아이가 사회생활을 할 때쯤 세상은 어떻게 변했을까" 하는 질문을 자주 던진다. 5년쯤 뒤면 통역도, 운전도, 그 외 많은 일도 로봇이 해주는 시대가 될 것이다. 아이를 잘 키워내고 싶은 엄마의 마음을 담아 고민하다 보면 자연스레 "로봇이 할 수 없는 일은 무엇일까"로 귀결된다.

미래 전문가들의 의견을 종합해보면, 미래에도 서로 만나서 살아가야 하는 인간 본연의 일들은 지금처럼 유지될 것이라고 한다. 당연히 기계가 아닌 인간만이 할 수 있는 영역이 뜨는 직업이 될 것이라고 한다. 기계와 대면하는 생활이 아닌 인간과 인간의 대면에서의 관계 유지가 무엇보다 중요한 시대가 되는 것이다. 더구나 다른 사람을 이끌어야 하는 리더가 되려면 주변 사람들과 서로 도우며 함께 존재할 수 있도록 수평적 소통 능력을 키우는 것이 중요하다.

그런데 우리 중년들은 심하다 싶을 정도로 상호 작용에 약하다. 한마디로 남의 이야기에는 반응이 없다. 표현도 부족하다. 조직이나 가정에서뿐 아니라 일반적인 만남에서도 마찬가지다. 상대가 자기 혼자 짝사랑하고 있다고 느낄 정도로 상대에게 무관심하거나, 자신만의 생각에 빠져 자기 생각대로만 행동하는 스토커가 된 듯한 느낌을 줄 때가 있다.

여기서 대두되는 문제가 바로 '상호 커뮤니케이션'이다. '일방적'인 의사 전달로는 소통할 수 없다. 효과적인 커뮤니케이션을 통해 상대와 공존하고자 하는 의지를 전달하고, 인간적인 매력을 어필하는 것이 진정한 리더의 출발점이다.

지금 당장 고개를 끄덕이고 미소 짓는 것부터 연습을 해보면 어떨까?

4장

리더의
스타일 변신 전략

리더의 스타일은
자기다운
컬러가 만든다

01

당신은 지금보다 훨씬 더
멋져야 한다

우리 부모 세대가 그랬던 것처럼 나보다 가족과 회사를 먼저
생각하며 달려온 세대는 현재 40~50대 중년이 마지막일 것이
다. 이 세대 중년들은 대개 자신이 번 돈으로 스스로 옷 한 벌
을 사보지 못했다. 아내의 손에 이끌려 강압적으로 구매를 했
거나, 그저 사다 주는 대로 옷을 입으며 타인에게 자신을 맡기
는 남성들이 대다수다. 그래서인지 스스로 꾸미기보다는 아내
덕분에 멋쟁이 소리를 듣는 중년 남성들이 적지 않다.

내 주변에는 자신을 꾸미기 위해 옷을 사기보다는 차라리 좋
은 술과 안주로 일에서 비롯된 스트레스를 보상받으려는 남자
가 더 많아 보인다. 해진 셔츠를 입고도 '허허'거리며 '중년의 멋
짐'에 무관심한 그들을 보면 정말 안타깝다.

한 달에 수십 명 이상의 남자를 만나는 직업상, 나는 지금까지 1,000명 이상의 중년 고객을 만나 그들의 이야기를 듣고 함께 고민했다. 자신의 멋을 찾아 표현하는 매력적인 중년들도 여럿 만났다. 그들을 보면 '남자의 멋은 나이와 지위의 문제가 아니다'라는 생각이 든다. 반면 '저 남자가 내 남자가 아니라 천만다행이다'라며 안도의 한숨을 쉬게 하는 사람도 있었다. 그들에게선 찌들린 중년의 피곤함만 느껴진다.

멋에는 표정·말투·패션·매너 등과 같은 그만의 스타일부터 여러 방면의 해박한 지식까지 헤아릴 수 없이 많은 조건이 있다. 하지만 그중 첫 기준은 삶에 대한 '에너지'다.

얼마 전 100세를 넘긴 한 노신사의 인터뷰를 읽다가 "이 남자 정말 멋지다!"라고 감탄한 적이 있다. 노신사는 이상형을 묻는 마지막 질문에 "역시 연상이 좋아요"라고 대답했다. 이 할아버지보다 연상인 여성이 지구상에 대체 몇 명이나 남았겠는가.

이런 유머 감각을 갖춘 남자라면 나이가 아무리 많아도, 가진 것이 없어도, 못생겼어도, 키가 작아도 무조건 한 번 만나보고 싶다. 가까운 친구가 되어보고 싶다. 내 친구들이 자기 인생을 돌아보며 현재 가진 것에 대해 이 노신사만큼 여유롭게 말할 수 있었으면 좋겠다.

인생의 즐거움을 누릴 수 있는 마지막 기회 앞에서 망설이고 있을 100세 할아버지에 비하면 아직은 청춘인 중년의 남자들에게 매력적인 남자가 되라고 말하고 싶다. 여성의 눈길을 받는 남자가 되고 싶은 마음을 무시하지 말라고, 중년이라는 새로운 삶을 위해 청춘의 에너지를 쏟아부으라고 조언하고 싶다. 인간을 활기차게 만드는 에너지의 원천은 바로 자신의 삶을 대하는 '설렘'이라고 역설하고 싶다.

한때 30~40대 여성들 사이에서 SBS 드라마 〈애인 있어요〉가 화제였다. 기억을 잃은 여자 주인공이 죽도록 증오했던 남편과 다시 사랑에 빠진다는 이야기다.

'남편과 불륜 관계를 맺는다'는 자극적인 설정 탓에 시청자들 사이에서 논란도 있었다. 그런데 그녀는 왜 남편에게 다시 설렘을 느끼게 됐을까? 아마 기억 상실로 인해 과거 남편과 부딪히면서 지치고 찌들었던 아픔이 지워졌기 때문일 것이다. 덕분에 그녀에게 남편은 '설레는 감정'으로 다가왔다. 그저 드라마 스토리일 뿐이지만, 그녀는 기억이 되돌아왔을 때도 남편에게 또다시 설렌다. '포장된 추억'을 다시 사랑하게 된 것이다.

현실에서 중년의 남자가 아내를 보며 다시 설렐 수는 없을까? "가족끼리 왜 그래? 젊은, 아니 새로운 여자라면 모를까." 남편들이 흔히 하는 농담이 떠오른다.

하지만 당신의 에너지는 고갈돼버려 아예 없어진 게 아니다. 당신 스스로 숨겨진 에너지를 꺼내 쓰려 하지 않는 것뿐이다. 스스로의 가슴속에 어떤 에너지도 남아 있지 않다면 '다시 사랑하기'는 상상할 수 없다.

중년을 행복하게 보내고 싶다면 에너지가 필요하다. 인생의 청년기를 놓쳐버리지 않으려면 지금부터라도 멋을 갖추기 위해 노력해야 한다.

중년 남자들이여, 거울 앞에 서라. 그리고 숨겨놓은 내면의 에너지를 꺼내라.

02

리더의 옷차림은
메시지다

2016년 10월 18일, 버락 오바마 대통령 임기 중 마지막 국빈 만찬이 열렸다. 이 만찬 행사에서 미셸 오바마 여사가 이탈리아 총리 부부를 맞을 때 입은 이탈리아 디자이너 도나텔라 베르사체의 로즈골드 빛 드레스가 지나치게 화려하면서도 거칠었다는 평이 많았다.

하지만 '왜 퍼스트레이디가 그 의상을 만찬 드레스로 선택했는가'에 대한 뒷이야기가 전해지면서 그녀와 드레스에 대한 관심이 오히려 상승했다. 미셸 오바마는 갑옷을 떠올리게 하는 메탈메시 소재의 반짝이는 드레스로 '여성의 힘에 대한 상징'을 표현했고, 지난 연설 메시지에 힘을 싣고자 했다. 그녀는 힐러리 미국 대선 후보 지지 연설에서 "그들이 저급하게 행동하더라도, 우리는 품위 있게 행동한다"는 스피치로 도널드 트럼프를 우회적으로 공격한 바 있다. 즉 약자를 괴롭히는 무리로부터 스스로를 보호하고 신념을 위해 언제든 싸울 수 있다는 강력한 메시지를 적절하게 담아냈다.

지금까지 미셸 오바마는 단순한 미적 차원을 넘어 강력한 메시지를 담은 의상을 종종 입었다. 민주당 전당대회에서 입은 로열블루 드레스는 국가 전체의 단결에 대한 가치를 표현하는 스피치와 일맥상통했다. 2009년 오바마 대통령 취임 축하연에서 입은 흰색 드레스는 희망과 긍정 이미지를 표현하려고 직접 선택한 것으로 알려졌다.

이처럼 우리가 입는 복장은 '나만의 색(정체성)'을 담기도 하고, 세상에 전하고자 하는 메시지를 전달하는 수단으로도 활용되고 있다.

의상을 통한 소통이 중요해지면서 그 방식 또한 발전해왔다. 첫 단계는 컬러로 의미를 부여하거나 액세서리 혹은 상징(심볼)을 활용하는 방식이다. 우리나라 정치인들은 대부분 자신의 당을 대표하는 색상의 넥타이를 매거나 같은 컬러의 소품을 활용해 어느 당 소속인지를 표현한다. 마거릿 대처 전 영국 총리는 중요 정책을 결정할 때마다 사각형 모양의 핸드백을 들고 나왔다. 영국에서 '자기주장을 강하게 내세운다'는 뜻의 '핸드배깅'이라는 신조어는 이런 사연 속에 만들어졌다. 넥타이·구두 혹은 가방을 선택할 때도 담고 싶은 메시지를 고민한다면, 당신은 이미 소통 트렌드 1단계에 진입한 셈이다.

다음 단계는 '패션 연출법'을 통해 의미를 전달하는 것이다. 대표적인 예가 오바마 대통령이다. 트레이드 마크가 된 노타이와 롤업 셔츠는 좀 더 친근하면서 젊어 보이고 역동적인 대통령의 이미지를 만들어냈다. 연설을 시작하기 전에는 종종 셔츠 소매를 걷어 올리는 태도를 보여줌으로써 '이제부터 시작이다' '나는 준비가 되어 있다'는 강력한 정치 메시지를 전달했다.

남성 패션 잡지에서 볼 법한 세련된 연출에 시간과 자금을 과감하게 투자하는 리더들은 시대의 흐름을 놓치지 않으며 삶을 스스로 디자인할 만큼 모든 면에서 여유롭고 자신 있다는 메시지를 전달하고자 한다.

만약 바빠서 옷 따위는 신경 쓰고 싶지 않다고 생각하는 사람이 있다면 그들에게 고한다. 스티브 잡스나 마크 저커버그도 일 외에 의상 따위는 신경 쓰지 않겠다는 메시지를 다름 아닌 그들의 옷에 담았다고.

옷차림도 메시지임을 아는 리더가 섹시한 소통가다.

03

멋을 위해
아낌없이 투자하라

모 여대 교수와의 만남이 있는 날이면 늘 그의 패션이 먼저 궁금해진다. 그의 멋 포인트는 깔끔하게 빗어 넘긴 헤어도 독특한 뿔테 안경도 빛나는 피부도 아니다. 바로 색 있는 양말이다. 오늘은 어떤 색을 신고 나올까? 궁금함은 그와의 만남을 더욱 흥미롭게 만든다. 형형색색의 양말이 궁금한 나머지 모임 자리가 서구식 의자가 아닌 양반다리를 하고 앉는 장소이기를 내심 바라기도 했다.

멋이라는 것, 꾸민다는 것은 자기만족 그리고 상대방에게 호감을 얻기 위함이 주목적 아니겠는가. 리더에게 '멋짐'이란 놓아버리면 안 되는 건강만큼이나 중요한 요소다.

그렇지만 내가 지금까지 신임 임원이나 정치인 수백여 명을 대상으로 PI 컨설팅과 교육을 진행하면서 놀란 적이 한두 번이 아니었다. 자신을 위해 비용 투자를 해온 사람이 20%도 채 안 됐다. 더 놀라운 것은 컨설팅을 신청했거나 교육을 받는데도 외적인 자기 관리가 여전히 사치라고 생각하는 사람이 20% 정도나 되었다.

고려대 학부 학생들에게 강의를 진행한 지 벌써 15년이 됐다. 10년이면 강산도 변한다는데, 나는 매해 학생들의 변화에 놀란다. 요즘 남학생들은 자기 자신의 멋짐에 시간을 투자하는 것을 양치질 같은 기본 행위라 여기고 있다. 정작 이 분야 전문가인 나조차 세대 차이를 느낄 정도다. 20~30대 직장인들 역시 멋이 자존심이다. 능력만큼 자리 관리는 필수라고 생각한다. 즐김과 멋짐에 대한 자기 관리는 행복을 위한 투자인 것이다.

메이크업도 이제 여자만의 전유물이 아니다. 요즘 젊은 남자들에게 피부 톤 정리를 해주는 비비크림 사용은 기본이다. 중년들이 골프장에서나 하얗게 바르는 선크림은 평소 쓰는 필수 아이템으로 자리 잡았다. 선크림을 바르기 전, 기초 메이크업 단계를 거치는 것은 거의 기본 상식이다.

중년 남성들을 위해 메이크업 코스를 잠시 공개해본다. 얼굴 전용 비누로 세안부터 깨끗하게 하고 토너를 화장 솜에 묻혀 피부를 깔끔하게 정돈한다. 아이크림으로 눈 주위 주름 관리를 한 다음 꼼꼼하게 로션을 펴 바르고, 마지막으로 선크림을 바르거나 비비크림으로 마무리한다.

얼굴의 윤곽과 인상을 좌우하는 눈썹 정리는 선택이다. 요즘 남자들의 눈썹 정리를 해주는 전용 숍이 등장한 것을 보면, 우리가 생각하는 것보다 훨씬 더 많은 젊은 남자들이 외모를 가꾸는 데 쓰는 비용을 자기 관리를 위한 당연한 소비로 여기는 추세임을 짐작할 수 있다.

사우나 이발소에 익숙한 분들은 미용실에 사나이가 앉아 있는 풍경을 이해할 수 없을지도 모른다. 하지만 꼭 한 번은 '미용실 구경'을 해보라고 말하고 싶다. 여자만큼이나 남자 고객이 많고, 컷뿐 아니라 염색과 퍼머에 관리까지 받으며 시간을 보내는 젊은 남자 혹은 중년이 생각보다 적지 않다.

그렇다고 무조건 '젊은 남자처럼 해야 한다' 혹은 '미용실을 다니라'고 강요하는 것은 아니다. 단지 자신을 가꾸는 소비를 가족에게 미안해하거나 주머닛돈이 나감을 아까워하지 않기를 바랄 뿐이다. 리더에게 '멋짐'이란 건강만큼 중요한 요소라는 것을 잊지 말기를 바란다.

0
4

위험할 만큼
찬란히 빛나라

"청년은 미래를 말하고, 중년은 현재를 말하고, 노인은 왕년을 말한다"는 말이 떠돈다. 이 논리로만 따지면 "나도 아직 청년"이라 주장할 리더들이 많을 듯싶다.

그럼 한번 따져보자. '청년'을 풀어보면 청춘기에 있는 젊은 사람으로 신체적·정신적으로 한창 성장하거나 무르익은 시기에 있는 성년이다. 비슷한 용어로 '청춘'은 '만물이 푸른 봄철'이라는 뜻으로 인생의 젊은 나이를 뜻하거나 그 시절을 말한다.

중년 리더들은 사전적 정의의 청년이나 청춘으로 돌아갈 수 없다. 하지만 청년답게 살아갈 수 있다는 결론에 도달할 수 있다. 그 시절을 그리워하지 않고 새로운 미래를 추구한다면 말이다. 그래서 성숙하지 못한 젊음이 아니라, "신체적뿐 아니라 정신적 성장이 무르익은 청년이기에 미래를 말하는 것"이라는 주장을 한다면 "나도 아직 청년"이라는 주장도 아주 틀린 이야기는 아니다.

영국 BBC의 스포츠 기사에 구단이나 홍보 에이전시들이 선수의 소셜미디어 언급이나 경기 도중 몸짓 같은 자질구레한 정보까지 살펴 이들이 제대로 '돈값'을 할지 판단하고 있다는 보도가 나왔다. 그도 그럴 것이 엄청난 비용을 받게 될 젊은 유망주가 입단 후 태도가 달라지지 않을지, 감당 못 할 몸값에 도취하지는 않을지, 현지 생활에 잘 적응할지 등이야말로 구단들이 애타게 찾고 싶어 하는 답이다.

세계적인 축구 리그 이적 시장에서 주목받은 프랑스의 킬리안 음바페는 1998년생이고, 토리노 FC의 이탈리아 출신 안드레아 벨로티는 1993년생이며, 맨체스터 유나이티드 소속인 벨기에 출신 로멜루 루카쿠도 안드레아와 동갑내기다. 이들은 모두 청춘들이다. 거대한 몸값을 받는 선수이지만 걱정해야 할 불안함도 많은 청춘들이다.

커뮤니케이션 에이전시 전문가들과 구단 자문 혹은 국장을 역임했던 이들은 비싼 몸값의 청년에 대해 이렇게 성토한다. "유망주를 발굴하는 일에 함께하는 모든 이가 이제는 선수의 인성을 더 많이 생각하고 있다." "구단들이 계약 전에 알고 싶어 하는 것은 적절한 선수뿐 아니라 바른 사람을 찾는 것이다. 이런 트렌드는 진화하는 것을 결코 멈추지 않을 것이다."

청년답게 살아가는 중년 리더들이 젊은이를 부러워하지 않는 이유가 여기에 있다. 중년에게서 느껴지는 여유와 젠틀함, 그러한 성숙한 태도들이 매우 매력적이기 때문이다. 적어도 내 눈에는 그렇다. 그런 매력이 때론 젊은 이성들에게 성적 매력으로까지 느껴져 우리 중년에게 위험 요인으로 여겨지기도 한다. 성숙한 중년에게는 청년들이 따라 할 수 없는 그들만의 삶을 대하는 위대함까지 존재하는 듯싶다.

　물론 모든 중년이 그렇지는 않다. 갑질 논란을 비롯해 꼰대질로 미성숙한 행태를 보이는 중년들도 여전히 많다. 평판 관리를 위해 운동 중 몸짓과 표정 하나하나까지 조심해야 하는 프로 선수들처럼, 우리 중년들은 자신의 필드에서 어떤 모습으로 세월을 낚고 있을까? '유망주도 아니고 유명인도 아니니 그냥 살던 대로 살련다'라며 주변 평판은 무시하고 있지는 않은가? 중년만이 가질 수 있는 멋진 노하우를 버려두고 있다면, 아직도 완전히 성숙하지 않은 '소년'으로 살아가며 자기 만족하는 중년에 불과하다면, 정말 곤란하지 않을까? 영원한 청년으로서의 중년 리더들을 응원한다.

05

멋 내지 않은 듯
멋지게

'섹시하다'의 사전적 의미는 외모나 언행에 성적 매력이 있다는
뜻이다. 『매력 자본』의 저자인 캐서린 하킴은 "나는 아름다운 용
모와 성적 매력, 자기표현 기술과 사회적 기술이 합쳐진, 애매하
지만 정말 중요한 자본을 설명하기 위해 '매력 자본'이라는 용어
를 만들어냈다. 다시 말하면 사람들을 호감 가는 동료로 만들
고 사회의 모든 구성원, 특히 이성에게 매력 있는 인물로 다가가
도록 하는 신체적·사회적 매력을 매력 자본이라 한다"고 했다.

몇 년 사이 이 매력 자본을 잔뜩 갖고 있는 중년 남자들을
알게 됐다. 바로 예사롭지 않은 동그란 패션 안경을 쓴 이규철
특검보와 영화 〈브리짓 존스의 베이비〉에 나온 영국 배우 콜린
퍼스다.

이규철 특검보는 2016년 말부터 최순실 국정농단 사건을 조사하기 위해 꾸려진 박영수 특별검사팀의 대변인으로 활동했다. 매일 진행되는 브리핑으로 언론의 관심이 집중되고 있는 가운데, 여성들의 온라인 커뮤니티 사이트에서 이 특검보에 대한 관심이 뜨거웠다.

　그는 조각 같은 외모의 소유자는 아니다. 1964년생으로 나이도 적지 않다. 심지어 들고 다니는 도시락 가방은 땡땡이 무늬다. 그런데 그마저도 가정적인 이미지로 부각되었다.

　원리원칙을 지켜야 하는 판사 출신인 이규철 특검보는 고객과 소통하는 변호사로서의 변신을 자신만의 패션에 고스란히 담았다. 그가 입고 걸친 것들은 모든 중년 남성이 갖고 있는 기본 아이템들일 수 있다. 하지만 보통의 중년 남성이 아닌 '섹시한 미중년'으로 보였던 이유는 시대가 원하는 유연성에 더해 자신만의 색을 표출했기 때문이다.

　각 잡힌 슬림핏 코트와 정장은 마치 컨설팅이라도 받은 듯 틀에서 벗어나지 않는 복장 에티켓의 원리원칙을 보여준다. 그러면서도 인적 교류와 소통이 필요한 직업으로서의 트렌디한 이미지를 잘 조화시켰다. 판사라는 강직함의 이미지에 고객과의 관계가 중요한 변호사로서의 유연함을 녹인 것이다.

　여기에 무심한 듯 두른 머플러에서는 멋 내지 않은 듯 멋스러운 '스프레차투라'의 정신까지 느껴졌다. 무엇보다 시원시원한 스피치나 일에 집중하는 자세와 실력이 중년의 섹시함에 무게를 실어주었다.

영화 〈킹스맨: 시크릿 에이전트〉를 통해 '수트발'의 정석을 보여준 콜린 퍼스도 마찬가지다. 1960년생인 퍼스는 20~30대 시절보다 50대 중반을 넘어선 후 '최고의 비주얼 배우'라는 평을 듣는다. 2016년 한국에서도 개봉한 〈브리짓 존스의 베이비〉에서 여전히 최고의 수트핏을 선보여 여성들의 환호를 받았다. 아이를 가진 브리짓 존스가 아이의 진짜 아빠를 찾는 과정을 그린 이 영화에서 그가 연기한 마크 다시의 수트는 경쟁 상대로 등장한 IT 회사 CEO 잭 퀸트(패트릭 댐시)의 자유분방한 옷차림과 대비되며, 중후함과 믿음직스러운 이미지를 표현했다.

이렇게 '중년의 섹시함'은 조금 다른 면이 있다. 아마 계속 보고 싶게 만드는 '중독성'의 매력이 아닐까 싶다. 그런 의미에서 특검이 진행되는 동안 매일 아침 이규철 특검보 '그의 브리핑'을, 아니 '브리핑을 할 그'를 기다리는 여성 팬들이 늘었다는 것은 중년의 섹시함을 갈구하는 사람들이 많다는 방증일 것이다. 섹시한 중년은 멋지다.

0
6

누가 내 팬티를
고릅니까?

여성에게 팬티는 첫 번째 옷이다. 기초 공사가 얼마나 중요한지는 건축학을 전공하지 않아도 우린 잘 안다. 속옷을 어떻게 입느냐에 따라 옷의 라인이나 흐름은 물론 하루의 기분까지 달라질 수 있다. 그래서 아주 신중하게 고른다. 물론 개인의 아이덴티티에 따라 결과물의 방향은 달라진다. 건강을 우선하는 사람이 있고, 겉옷의 맵시나 라인을 중요하게 생각하는 사람이 있으며, 편리함 또는 속옷 그 자체의 아름다움을 판단 기준으로 삼는 사람도 있다.

남자들의 속옷은 어떨까? 며칠 전 파트너들과의 신년회에서 카피라이터로 유명한 지인의 천기누설을 통해 궁금증이 조금은 풀렸다. "올해는 내가 원하는 팬티를 입어봤으면 좋겠어요.

속옷은 늘 마누라가 사주다 보니 특정 브랜드의 흰 팬티뿐이라, 색 있는 팬티는 아들 거 살 때 원 플러스 원으로 구입한 게 다예요. 그런데 난 그 색 팬티를 입어야 프레젠테이션이 잘되고 운이 따르는 것 같아요. 자신감도 생기고. 중요한 발표가 있을 때 찾는 넥타이나 만년필처럼 나만의 주술적 의미가 담긴 액세서리 같은 거 아닐까 싶더라고요. 소심한 샐러리맨에게는 그날의 자신감 안착 같은 것이 중요하잖아요?"

그런데 명절에 어머님을 찾아뵈면 가끔 "시장에서 샀는데 면 100%의 가장 좋은 팬티"라고 강조하며 바로 그 유명한 브랜드의 흰 팬티를 선물로 내밀어주신단다. 어쩌면 이럴 때는 고부간에 마음이 잘 통하는지…. 모두 박장대소했지만 정작 그 지인은 고민일 수밖에 없다.

이 시대 중년 남성 중 자기 속옷을 자기가 선택하는 사람이 몇이나 될까? 그러다 보니 광고 속 화려한 속옷들은 그저 그림의 떡일 수밖에 없다. 애호가들을 제외한다면 만년필도, 지갑도, 지인들에게 선물받은 것이 대부분일 것이다. 넥타이나 양말 역시 마찬가지 아닌가. 비즈니스 현장에서 일은 누구보다 자신감 넘치게 자신만의 스타일로 멋지게 리드하며 리더십을 키워가고 있지만, 정작 나를 대표하는 시그니처가 되어야 하는 것들의 대부분은 타인이 결정해주는 경우가 많다는 이야기다.

이 대목에서 마이클 힐 크리에이티브 디렉터의 얘기를 들어봐야겠다. "넥타이로 멋을 내려면 옆 사람과 똑같아야 한다는 생각을 버려라. 대담한 무늬를 겁내지 마라. 다양한 재킷과 생각보다 잘 어울린다." 자신만의 색을 드러내려면 용기와 자신감이 필요하다는 이야기다.

'남이 보는 나'에 대해 관심을 갖고 진단하는 것은 좋다. 하지만 그런 이미지에 따라 포장되는 것보다는 '내가 보는 나' '내가 보이고 싶은 나'로 자신을 드러내보는 연습을 해보면 어떨까?

요즘 선남선녀들은 둘이 함께 속옷 매장에서 커플룩을 고르기도 하고 상대가 좋아하는 팬티를 그 자리에서 직접 골라 선물하기도 한다. 솔직한 그들이 부럽다면 이번 주말에는 부인이나 아들딸과 함께 속옷 매장에서 내 속옷을 고르는 데 10분 이상 투자해보자.

여럿이 함께 쇼핑하는 것이 부끄럽다면 혼자라도 좋다. 자신의 마음과 가장 가까운 곳부터 솔직한 자신의 색을 담아보는 용기를 내보기를 권한다. 팬티가 야해지면 집사람이 오해한다며 뒤로 물러서려는 중년도 있을 것이다. 하지만 알고 보면 아내도 내 남자의 팬티를 고를 권한보다는 내 남자의 자신감을 키우는 것이 먼저라 생각할 것이다.

07

밥상머리에서
매력이 시작된다

출장을 다니다 보면 여러 나라에서 다양한 사람을 으레 만나게 되고 이런 만남은 대체로 식사 자리로 이어진다. 그런데 나라에 따라 다른 식사 에티켓을 제대로 몰라 실수하는 리더가 적지 않다.

2007년, 프랑스 거대 기업과 서명 직전까지 갔던 합작 프로젝트가 '밥상머리 예절' 실수로 물거품처럼 사라진 적이 있다. 무엇이 문제였을까? 프랑스 기업의 CEO가 열었던 저녁 모임이었다. CEO의 부인이 정성스레 준비한 스테이크가 나오자마자 한국 측 인사가 시중에서 판매하는 'A1' 소스가 없느냐고 물었고, 주변의 다른 이들도 준비한 소스를 무시한 채 그 소스를 찾았다. 서양 요리는 '소스'가 정수다. 식사를 초대한 호스티스가 음식 솜씨를 뽐낼 수 있는 무기인 셈이다. 그런데 소스를 준비한 정성과 노력을 무시했으니 그 부인에게 큰 불쾌감을 주었고, 결국은 비즈니스 실패라는 결과를 불러오고 말았다.

서양 음식의 경우 맛을 보기 전에 소금·후추·소스를 뿌리며 간을 추가하지 않는다. 준비해준 사람에 대한 예의다. '마누라의 심경을 건드린 것이 비즈니스와 무슨 상관인가'라고 생각했다면 문화 차이를 이해하지 못하는 비非매너 경영자임을 자처하는 셈이다. 식사 매너가 비즈니스상의 판단 기준이 되기도 한다. 글로벌 기업들은 파트너와 계약 전에 식사를 함께하는 것이 일반화돼 있는데, 파트너의 평상시 매너를 살핌으로써 앞으로 함께 일을 해도 좋을지 판단하자는 의미도 내포돼 있다.

특히 원칙을 중시하는 일본인은 테이블 매너를 강조한다. 음식이 테이블에 세팅되면 음식을 최대한 칭찬하라. "먼저 눈으로 먹고, 다음은 입으로 먹으며, 마지막으로 마음으로 먹는다"라는 말이 있듯이 일본에서는 음식도 작품으로 여기며 감상하고, 자신의 감동을 표현하는 것이 식문화다.

대부분의 음식을 젓가락을 사용하여 먹으므로 젓가락 사용법이 매우 세밀하게 정해져 있다. 젓가락을 세로로 놓는 우리나라와 달리 일본은 자기 앞쪽에 가로로 놓는다. 쉽게 얘기하면 우리나라는 아라비아 숫자 '1'과 같은 모양으로, 일본은 한자 하나 일_과 같은 모양으로 세팅한다. 젓가락 끝이 상대방을 향하면 그 사람을 위협할 수 있다고 생각해서 그렇다.

젓가락을 쓰지 않을 때는 항상 젓가락 받침 위에 올려놓아야 한다. 젓가락으로 음식을 찍어 먹거나 찍어서 옮기는 행위, 젓가락을 빨거나 젓가락을 들고 뭘 먹을지 망설이는 모습, 음식을 젓가락으로 집었다가 먹지 않고 다시 놓는 것은 금물이다. 젓가락으로 음식을 건네주는 행위도 금물이다. 일본에서는 젓가락이 개인 음식을 먹는 것 외에는 장례식에서 물건을 집을 때 쓰는 도구이므로 불길함의 징조로 생각한다. 또 그릇을 받을 때나 들 때는 반드시 두 손을 사용하고, 식사 중 두 손이 테이블 위에 보여야 한다.

중국의 테이블 매너도 살펴보자. 대체로 중식당에는 회전 탁자가 놓여 있는데, 여러 사람이 둘러앉아 큰 접시에 나온 음식을 나누어 먹는 방식으로 식사를 한다. 회전 탁자는 시계 방향으로 돌리는 것을 원칙으로 하며, 자기 앞에 접시가 오면 앞접시에 적당량을 덜어놓는다. 한국에서는 음식을 남기면 결례라고 여기지만, 중국에서는 접시를 비우는 것이 오히려 결례이며 '적당히 남기는 것'이 미덕이다.

중국은 일본과 마찬가지로, 밥그릇을 손으로 집지 않고 그냥 먹는 것을 좋지 않은 매너로 치부한다. 식사 시 자기 밥그릇은 왼손에 들고, 오른손으로 젓가락을 사용하여 밥을 쓸어 입으로 가져간다. 중국에서는 식사 후에 트림을 해도 무방하다. 맛있게 먹었다는 의미다. 물론 서양에서는 품격 떨어지는 행동이니 문화적 차이를 기억해야 한다.

테이블 매너는 '몰라서'가 아니라 '알면서도 크게 개의치 않는 것'이 가장 큰 문제이며, 한번 형성된 습관이 나도 모르게 나올 수 있으므로 조심해야 한다. 현대는 단 한 번의 실수로도 개인을, 전체를 평가하는 사회이고 행동이 말보다 강력한 판단 기준이 될 수 있다.

한국은 예로부터 '동방예의지국'이라 불리며 항상 예를 갖추는 선비의 나라였다. 공자의 평생소원은 "뗏목이라도 타고 조선에 가서 예의를 배우는 것"이라고 말할 정도였다. 식사 자리는 비즈니스 현장임과 동시에 동방예의지국의 리더로서의 명성을 지키는 자리임을 잊지 말자. 모든 것이 밥상머리부터 시작한다.

5장

리더의
품격 유지 전략

리더의 품격은
당당한
평판을 만든다

01

노화와 성숙은
함께 가지 않는다

《허핑턴포스트》 칼럼니스트 잭 앤더슨은 「50대 남자와 데이트 해야 하는 10가지 이유」에서 '성숙'을 제1조건으로 꼽았다.

"남자는 좋은 와인처럼 나이를 먹는다. 남자가 성숙해지려면 시간이 꽤 걸리기 때문이다. 신포도 같은 청년이 부드럽고 풍부하며 정력이 넘치는 남자로 변하기를 너무나 오래 기다리던 여성은 '진짜' 남자를 만나는 순간 기쁠 수밖에 없다. 남자는 43세가 되어야 완전히 성숙한다고 하는데 여성과 비교하면 11년 이후다. 그러니 남자가 50이 되는 순간 얼마나 더 성숙할지 여성 동지들은 상상해보시라. 포도를 수확할 때가 왔다!"

그런데 잠깐. 마흔을 넘어 50대에 접어들면 남자들이 정말 성숙해 있을까? 그들은 자신이 젊은 시절보다 더 현명해졌다고 생각할까? 어른 대 어른으로 다양한 사람들을 겪어보고 세상을 편력한 만큼 흥미로운 이야깃거리가 풍부한 인간이 되어 있을까? 호의적이지 않은 세파에 이제는 초연하게 대처할 만한 경험을 갖추었다고 확신할까?

여전히 집에서는 모자란 남자로, "회사에서는 일 잘하느냐?"는 구박이 듣고 싶지 않아 퇴근 후 소주 한 잔 기울일 누군가를 찾는 중년. 왜 중년은 그녀 앞에 서면 작아지는 걸까?

여러 남자 중 나를 선택해 보살펴주고 아이까지 키워주는 그녀, 나와 결혼해 전혀 다른 삶을 살고 있는 그녀에게 그저 미안하고 고마운 마음이 더해져 회사용일 때 강하던 그가 가정용에서는 불꽃의 세기를 조절하고 있는 건 아닌지…. 그런데 이성적으로는 이해하는데 감성적으로는 안 되는 것이 문제다. 가정용인지 회사용인지 인생의 용도가 애매해지고 있는 중년들을 보며 생각한다.

평균 수명이 연장되고 노화가 지연되고 있는 만큼, 체감 연령은 낮아지고 있다. 현대인은 자기 나이에 0.7을 곱한 심리적 나이를 살고 있다고 한다. 그리고 보면 오늘 40~50대를 살아가는 남자들은 이제 겨우 청춘의 스러짐을 절감하며 자기 자신에 대해 진지한 고민들을 하기 시작한 것은 아닐까? 아무리 부정하고 싶어도 노화를 의식하지 않을 수 없지만, 아직은 인생의 청년기를 놓아버리고 싶지 않은 중년의 남자들은 이제야 자기 인생의 실체를 들여다볼 시간을 맞고 있는 게 아닐까?

18년간 남자들과 대화하며 "자신의 모델은 스스로 찾으라"는 당부는 무책임하고 쓸모가 없다는 것을 알았다. 그들이 지금 가장 절실하게 기다리고 있는 말은 "하라"라는 단어가 아닐까? 어쩌면 온통 해서는 안 되는 일뿐이었던 젊은 날을 지나 여전히 묵묵하게 의무에 충실하고 있는 남자들에게, 더 늦기 전에 한 번쯤 꼭 해보아야 할 일들의 리스트를 적어주고 싶을 정도다. 오늘이라도 20~30년 동안 하지 못했던 일들을 시작할 용기를 찾고 삶의 나머지 기쁨을 시원하게 늘려가기를 바란다.

　　카이사르가 살해당한 날인 이데스 오브 마치에 다녀온 청계천은 살랑살랑 봄바람이 불었다. 브루투스의 칼도 시대 흐름을 바꿀 수는 없었다. 하지만 시대의 변화라는 도전은 의미가 있었고 그렇게 그의 이름을 기억한다. 광화문 변화의 핵심인 중년, 앞으로 다가올 인생의 새바람을 일으킬 때다. 고목에 다시 꽃을 피우는 봄바람처럼.

02

왠지 한 곳이 비어 있는
내 가슴이

성공한 것처럼 보이지만 그 대가로 많은 꿈을 미뤄온 대한민국 남자들. 그들이 와인처럼 숙성된 매력을 지니려면 뭘 해야 할까?

"인생은 한 번인데 아내가 질투하는 애인이 있는, 애인이 질투하는 아내가 있는 그런 남자 정도는 되어야 하지 않겠어?" 중년 남자들에게 "더 멋져지면 어때"라고 다그치는 한 여자의 외침이다. 대부분 "제정신이야?" "현실성이 없다고 전해라"며 퉁명스럽게 대꾸할 것이다. 하지만 어쩌면 이 글을 읽는 중년 남자, 그들은 '본인에게는 현실'이었으면 하는 바람을 숨기려 퉁명스러움으로 가장하지는 않을까?

내가 만난 남자들은 늘 일탈을 꿈꾸었다. 일과 가정을 벗어난 새로운 세상, 나만의 아지트, 아름답고 섹시한 새로운 여자와의 연애, 자유로운 여행 등…. 지금까지와는 다른 삶의 일탈 말이다. 그럼에도 이것들은 우리 중년 남자들에게 꿈일 뿐이다. 현실에서는 '진정한 남자라면 참아야 한다'며 꿈을 삭인다. 그러면서도 중년 남자들은 '문밖을 나오면 나는 싱글이야'라는 소심한 일탈로 시작한다. 가정은 지키되 할 건 하고 싶다는 이중 일탈에 10여 년째 늘 생각으로만 도전 중이다.

솔직하게 이야기해보자. 안 되는 줄 알면서도 일탈을 일삼는 남자들을 부러워했던 순간이 있지는 않았는지 말이다. '왜 일탈하면 안 되지? 새로운 삶을 살아보는 게 그렇게 문제인가?'에서 시작해 자신의 꿈을 이루기 위한 수많은 버킷리스트를 생각해본 적이 없는가.

'지금 와서 무슨' '이 나이에'라는 생각이 든다면 정신을 차려라. 지금은 100세 시대고 40~50세는 아직도 살아야 할 날이 더 많은 청춘이다. 우리도 하나둘 시작해야 한다. 그렇지 않으면 10년 안에 분명 후회할 것이다.

단순하게 생각해보자. 왜 여자를 만나고 싶은가? 당신이라는 남자가 속물이어서 그런가? 혹시 그동안의 당신의 노고를 위로받고 대화할 만한 그런 사람, 굳이 강하게 보이지 않아도 될 그런 존재가 필요한 것은 아닌가? 당신의 일상에서의 결핍을 채워줄 누군가가 필요한 것은 아닌가? 혹시 혼자 남는 것이 두려운 것은 아닌가?

연애를 예로 들어보자. 남자들은 돈만 있으면 만사 해결이라고 말한다. 천만의 말씀! 돈과 권력, 그런 게 아무리 많아도 성추행으로 고소당하는 세상이다. 자본력을 제외하면 모든 게 완벽한 남자라는 주장 자체가 너무 센 자신감 아닌가.

연애를 못 하는 핑계는 아주 많다. 내 눈엔 사랑받을 만한 남자가 아니기 때문으로 보이는데 말이다. 대단한 자신감은 그만큼의 결핍에서 오는 불안함이라 생각한다. 그동안 자신에게 투자하지 못했던, 채워 넣지 못했던 남자의 결핍이 주는 스스로에 대한 외면이다.

아내를 행복하게 하는 방법은 수백 가지가 넘는데 남편을 행복하게 하는 방법은 딱 세 가지면 충분하다고 한다. 먹이고, 재우고, 가만히 내버려두기. 웃자고 하는 농담이기는 하지만, 나한테는 여기서 남자들이 가진 어떤 '쑥스러움'이 읽힌다. 적어도 내게 컨설팅을 의뢰했던 고객들을 떠올려보면 남자들이 그렇게 단순하고 무딘 존재들은 아니다.

주변 사람들에게 겉으로 일일이 드러내 보이지는 않지만, 중년의 남자들 안에는 섬세한 소년, 뜨거운 청년, 불안한 중년의 복잡다단한 감정들과 욕구들이 가득 차 있다. 다만 그들은 지금까지 뜨거운 내면의 질풍노도를 처리하는 법에 무관심하거나 외면해왔을 뿐이다.

좀 더 당당하게 일탈해라. 당신의 결핍을 채워라. 당신 자신을 채우기 위해 시간을 쓰는 것은 이기적인 짓도 죄도 아니다. 오롯이 '나'를 제대로 보며 '내'가 설레는 원하는 것을 위해 채워

라. 이제는 당신 앞에 중년의 당신을 있는 그대로 바라보고 채워넣을 때가 되었다.

아내가 질투하는 애인이 있는, 애인이 질투하는 아내가 있는 그런 남자는 대체 어떤 남자일까? 아마 50대에도 혼자 우아하게 브런치를 먹는 남자가 아닐까? 자신 앞 비워진 잔에 여유롭게 캐모마일차를 따르며 중년이 된 자기만의 향기를 내는 매력적인 남자 말이다.

0
3

꿈꾸면서도
조급해지지 않기

내게 "당신은 성공했는가?"라고 묻는다면 나는 당당하게 "예"
라고 답하겠다. 수년 전부터 꿈꿔왔던 것을 이루었고 또 이루
어가고 있다. 지금 이 순간 충분히 행복하다고 느끼고 있다.

나는 20년 차 경영자로서 스스로가 자랑스럽다. 규모의 크고
작음을 떠나 한 분야에서 20년 이상 그 사업을 놓지 않고 있다
는 점에 대해 자신에게 늘 박수를 쳐준다. 어렸을 적 어머니로
부터 '용두사미'라며 끈기가 없다는 말을 자주 들으며 자랐다.
그 말이 너무나 싫었고 그런 사람이 아니라고 믿고 싶었지만,
학년이 올라갈수록 점점 떨어지는 성적과 입학 실패 등 쌓여가
는 아픔을 겪으며 '난 정말 끈기가 없어서 이렇게 사나 보다'라
고 어린 나에게 스스로 말하고 있었다.

그런데 정신적으로 성숙해지면서 자존심이 상했다. 내가 나에게 진 것 같은 느낌이 들었고 앞으로 미래의 희망이 보이지를 않았다. 지금까지와는 다르게 살고 싶었다. 내게는 꿈이 있었고 꼭 이루겠다는 강한 의지가 있었다. 그렇게 끈기가 없는 사람이 아니라는 걸 증명하고 싶었다.

직업을 갖고 스스로 무언가를 선택하고 좋아하는 일을 찾아할 때마다 늘 목표를 세웠다. 나와의 약속을 철저히 지켜갔다. 매년 12월이면 수첩을 사서 다음 해의 목표를 세운다. 매월, 매일 나와의 의식을 치른다. 약속 지키기와 포기하지 않기를 다짐한다. 그리고 12월 말일, 내가 걸어온 한 해를 뒤돌아보며 스스로를 칭찬하고 반성하며 변화를 위한 목표를 다시 잡고 우선순위를 정한다. 이렇게 나의 미래를 다짐하고 방향을 잡는 것이 하나의 의식처럼 자리 잡았다. 벌써 22년째다.

마이크로소프트 창업자 빌 게이츠도 "일주일을 돌아보는 시간을 가져라"라고 말한다. 성공을 축하하는 것도 좋지만 실패가 준 교훈에 귀 기울이는 것이 더욱 중요하다고 말하는 빌 게이츠는 시간을 돌아보는 것을 강조한다. 이 작업은 다음을 준비하는 데도 도움이 되기 때문이다.

지금 생각해보면 난 원래 끈기가 없는 사람이 아니었을지도 모르겠다. 제대로 알려주는 사람이 없었을 뿐이다. "그때 실패의 아픔은 그저 경험일 뿐이고 내가 가고자 하는 꿈을 실현하는 방법을 몰랐던 건 아니었을까?"라는 질문에서 시작해 지금은 스스로 그 방법을 찾아가는 데 성공했다. 나를 되돌아보며 스스로를 독려하고 격려하고, 모르는 것은 모른다 하고, 묻고 배우는 것을 부끄러워하지 않으면서도 내 자존감과 자존심을 키워가는 의식이 성공의 열쇠였다.

무언가를 오래 유지한다는 것은 참 쉽지 않다. 사업한 지 5년 차 10년 차가 지날 때마다 선배들이 날 바라보는 시선이 달라졌다. "그렇게 안 봤는데 참 대단하네"라는 말을 들었다. 그러나 나는 신문에 나오는 몇 천 억 아니 몇 백 억도 벌어본 적 없는 아주 작은 기업의 오너일 뿐이다.

그렇게 이야기해주는 선배들이 가끔은 야속했다. 일을 크게 키우지 못하는, 능력이 부족한 경영자인 나를 약 올리는 것은 아닐까 하는 소심함 때문이다.

그러나 20년 차인 지금의 나는 그때와 다르게 당당하다. 사업의 장단점을 분석하고, 포기할 것을 포기하고, 내가 가장 잘 할 수 있는 것을 찾아 지속할 수 있는 가치가 우선하는 사업 방향으로 갈 길을 정하고 나니 마음이 편하다. 남에게 인정받기 위한 삶이 아닌, 매년 12월 말일이면 스스로에게 칭찬할 수 있는 일을 해보고 싶다는 꿈이 의식 안에 자리 잡았다.

천재란 자기 자신을 발견하는 사람으로, 못나고 흉한 모습까지 끌어안을 줄 아는 사람이라는 말에서 늘 용기를 얻는다. 애플의 스티브 잡스는 입양아였다. 생모는 미혼모였고 아버지는 시리아 출신이었다. 미국의 오바마 대통령 역시 케냐 이민 2세로 아버지 얼굴도 모르고 재혼 후 이혼한 어머니 밑에서 불우한 청소년기를 보냈다.

두 사람은 서두르지 않았고, 고유의 자신을 파괴해서가 아니라 온전한 존재로서 있는 그대로 받아들이고 스스로의 방식으로 길을 찾은 결과 역사를 바꾸었다.

04

사람을 위해 지갑을 열고
마음을 열어라

PI 컨설팅을 하다 보면, 몇 조 대의 자산가부터 연봉 20~30억 원의 고소득자 그리고 평범한 임원까지 다양한 클라이언트를 만나게 된다. 매년 현금 5억 원 이상이 통장에 입금되어도 늘 부족하다는 분이 있는가 하면 그보다 훨씬 적은 수입이지만 충분히 만족하는 분도 있다. 뽐내고 싶은 분이 있는가 하면 숨기고 싶은 분도 있다. 나누고 싶은 분과 더 갖고 싶은 분 등 재산에 대한 태도 또한 천차만별이다.

그들이 일반인은 상상할 수 없는 고가의 저택과 좋은 차, 명품 시계나 최고급 액세서리로 품위를 유지하는 것 또한 가진 만큼의 자연스러운 소비 행위다. 자기 계발이나 휴식, 흔히 말하는 노블레스 오블리주 등으로 품격을 높이는 것 또한 사회적으로 가치 있는 일이기에 적극 응원한다.

그런 분들과 함께 일하는 내 입장에서는, 그분이 현장에서 사람을 어떻게 쓰는 사람인가가 최대 관심사다. 최고의 인재를 영입하고 계속 일하게 하는 것이 부자들의 고민이라면, 그런 마음과 정성 못지않게 그들의 가치를 인정해주는 '형식'도 무시할 수 없기 때문이다.

전문가 그룹은 아무래도 '버는 만큼이 실력'이라는 속설처럼 수입으로 자존심을 내세우는 경우가 많다. 그런데 "나중에 잘되면 알아서 챙겨줄게" "잘하면 키워준다"는 허망한 구두 약속을 남발하면서 상대로 하여금 '떠보고 있구나' 하는 마음이 들게 하는 부자라면 어떨까?

4년 전 코칭으로 만난 클라이언트는 모 기업의 사장 진급자였다. 더 많은 비용을 지불하지는 않았지만 특별한 인연이라고 생각한다. 그분은 그룹에서 실시한 진급자를 위한 PI 코칭 기간 동안 어느 후보자보다 솔직하게 자신의 문제점과 미래 비전, 향후 고민을 털어놓았다. 질문도 많았다. 나를 전문가로 인정한다는 느낌을 확실하게 심어주었고, 나를 나보다 더 크게 생각하며 쓰고 있다는 마음이 느껴져 어느 순간 고마웠다. 그분은 지불한 비용보다 더 많은 것을 받아갔다. 이렇게 사람들의 마음을 얻는 '사람 부자'는 함께 일하는 사람의 역량 이상을 끌어내고 본인을 위해 더 열심히 일하게 한다.

반면 어떤 클라이언트는 그렇지 않다. '내가 왜 여기 있을까?

더 나은 전문가랑 일하면 좋을 텐데' 하는 생각이 들게 한다. 그런 분들은 의심이 많다. 본인이 모든 것을 잘한다고 착각한다. 전문가를 존중한다는 느낌을 주지 못한다. 다른 클라이언트보다 더 많은 돈을 주더라도 다시는 만나지 않아야겠다는 다짐을 하며 일하게 만든다. 돈과 시간을 참 바보처럼 쓴다.

코칭 후 엘리베이터까지 직접 나와 배웅해주는 매너까지 갖췄던 4년 전의 그분은 여전히 고액 소득자이고 여유롭게 산다. 사람을 대하는 태도는 돈이 많고 적음과 직접적인 관계는 없겠지만, 진짜 부자는 사람을 제대로 쓴다. 돈은 물론이고 마음을 잘 쓸 줄 아는 사람이다.

50대 이후부터는 "입이 아니라 지갑을 열어야 후배가 떠나지 않는다"는 말도 있다. 평생을 나보다 많이 벌고 나보다 잘나가는 누군가와의 비교로 부족함과 궁색함이 어느새 자격지심으로 발현되는 삶이 아니라 상대를 인정할 줄 아는, 누구나 함께하고 싶은 인생을 살아보는 것은 어떨까?

후배도 밥 살 돈이 없는 것은 아니다. 오롯이 당신이 보고 싶어 찾아와 주는 친구가 많다면 이미 당신은 부자다.

0
5

평판 관리는
곱셈이다

리더의 자리는 참으로 묘하다. 특히 큰 권력을 가진 자리에 가게 되면, 더 커진 변화 앞에서 어느 순간 행복과 위험 사이의 줄타기를 시작한 듯 보인다. 적어도 내게는 고객들의 위치가 그렇게 느껴진다.

스펀지에 스며드는 물처럼 그 자리의 권력과 권위에 대한 편견(?)이 몸에 스며들고 있다는 것을 대부분 인식하지 못하는 듯 보인다. 그리고 어느 순간 그 자리에 익숙해지면서 진짜를 알아차리는 법을 잊어간다. 예를 들면 더 많은 관심과 칭찬을 듣게 되며 그 칭찬에 익숙해져가고, 받은 만큼 칭찬을 할 일도 많아져야 하는데 대부분 그 반대로 움직인다.

사람의 불행은 자신의 자리를 인정하지 않거나 과대평가하여 시작된다. 자신의 자리를 냉철하게 분석하고 현실을 객관적으로 인지하고 전략을 세운 다음 그에 맞는 태도를 갖추는 지혜로운 리더로서의 평판 관리를 해야 한다.

우리 사회는 전통적으로 사람 사이의 관계를 힘의 균형에서만 찾아왔다. 되도록 갑의 자리에 가기 위해 노력했고, 을의 자리에 서면 가급적 갑의 심기를 건드리지 않으려고 노력했다. 어려서부터 갑이 되기 위한 교육을 받고, 을은 늘 약하고 가련한 존재로만 표현되어왔다. 자신이 가진 힘과 능력, 권한이 센 사람은 약해지지 않으려고만 노력했고, 약한 사람은 세지기 위해 힘껏 노력했다.

그런데 강한 자와 약한 자의 경계에 대해 생각해보자. 김대한 대리는 회사에서는 약하기만 한 존재다. 회의 시간에는 과장, 부장의 눈치를 봐야 하고, 식사 후에는 커피를 뽑아 대령해야 하며, 퇴근 시간이 되어서도 상관의 동향을 눈치껏 살펴야 하는 전형적인 을이며 약한 놈이다.

그러나 집에 가면 김대한 대리는 집안의 장손이며 넉넉하지 못한 지원 속에서도 유명 대학과 대기업에 들어간 자랑스러운 아들이다. 어머니는 종일 업무에 시달리고 돌아온 아들이 편하게 쉬도록 텔레비전조차 큰소리로 보지 못한다. 집에서 김대한 대리는 전형적인 갑이고 센 분이다.

우리는 누구나 갑이면서 동시에 을이다. 어떤 관계에서는 한없이 약하지만 다른 관계에서는 한없이 세다. 그리고 이런 관계들은 우리의 일상에서 복합적으로 동시에 일어난다. 모든 관계와 상황 속에서 갑이고 세기만 한 사람도 없으며, 을이고 약하기만 한 사람도 없다. 우리가 보기에 재력과 권력, 명예까지 갖추고 있어 누구와의 관계에서도 갑이고 우위에 있는 센 분일 것 같은 고위 정치인이나 대기업 회장들도 집에서는 아내나 자녀 혹은 부모에게 한없이 약한 사람일 수도 있다.

그런데 여기서 주목해야 할 것은 강한 자 중에서도 존경받아 마땅한 센 분이 있는가 하면, 강하지만 마주하고 싶지 않은 센 놈도 있다는 것이다. 대한항공의 갑질 사태로 드러난 오너 일가의 태도가 좋은 사례다. 약한 자 역시 약함에도 추앙받는 약한 분이 있고, 그 반대인 약한 놈이 있다. 나는 약자라는 놈들에게 횡령과 사기를 당했고 그로 인해 많은 돈을 잃었으며, 그보다 더 큰 정신적 상처를 입기도 했다. 강자도 강자 나름, 약자도 약자 나름이라는 것이다.

현실적인 능력이 뛰어나면서 바른 마음에 훌륭한 인격을 지녔다면 센 분이다. 아무리 사회적 지위가 높은 사람이더라도 인격이 후지다면 센 놈이다. 강자라 해도 그가 센 놈이라면 그의 강함이 지속될 여지는 그만큼 떨어진다. 놈을 좋아하는 사람은 없다. 그리고 모든 일은 사람이 기본이다. 그러나 많은 사람이 강함만을 추구하다가 놈이 되어버리고 만다. 우린 이미 대한항공을 비롯해 갑질에 대한 을의 반란으로 수많은 강자인 갑들의 이미지가 개인 혼자만이 아니라 기업의 이미지와 함께 추락하는 것을 지켜보아왔다. 이는 기업의 오너나 정치인에게만 해당하는 일이 아니다. 모 기업 상무의 항공기 라면 사태처럼 기업 임원 등 일정한 지위에 오른 사람이라면 갑질, 즉 놈짓에 대해 이제는 눈치 아니 평판을 신경 써야 하는 현실이다. 그렇지 않으면 지금까지 쌓아온 권력과 권위가 진짜가 아닌 물거품이 되어버리는 건 시간문제일 경우가 많다.

강자와 약자라는 이분법을 넘어 리더의 입장에서 바라본 평판 관리를 위한 관계에 대한 공식 하나를 추천하고자 한다. 대중의 시각으로 바라보면 누가 뭐래도 리더는 가진 것을 누리는 강자다. 그래서 리더의 평판 관리는 '더하기가 아니라 곱하기'의 연속임을 잊지 말자. 결국 '놈'이 아니라 '분'이 되기 위한 전략을 세워야 한다. '어항 속 금붕어'가 리더의 진짜 현실일 수 있음을 잊지 말아야 한다.

지금은 다양성이 존중받는 시대이며 관계성이 중시되는 사회다. 갖가지 것들이 뒤엉키고 섞이며 갈등과 분쟁, 논란도 점차 늘어간다. 그렇기에 상대방의 입장을 이해하고 배려할 필요성이 그 어느 때보다 크게 느껴진다.

대기업 총수 아내로는 처음으로 경찰 출석이라는 오명을 남긴 이명희 전 일우재단 이사장의 사례는 기업과 직접적인 관계가 있는 리더뿐 아니라 그 가족의 평판까지도 기업의 이미지에 큰 영향을 끼친다는 것을 단적으로 말해준다. 그것이 리더의 평판 관리의 시작이다.

이미 강자라면 더 강자로 가기 위해 발버둥치기보다는 약자의 입장을 헤아리는 여유와 배려를 담아서 관리해야 한다. 그렇게 중도를 지키는 것이 당신이 강자로 올라서든, 약자로 떨어지든 그 아찔한 그네뛰기로부터 당신을 구해줄 것이다.

태도를 바꾸면 미래도 바뀐다.

0
6

내 손으로 내 책상을
뺄 수 있습니까?

누군가가 내 책상을 빼버리기 전에 지킬 수 있는 자신감, 빼더라도 스스로 빼서 나갈 수 있는 용기가 있는가? 오너가 아닌 이상 월급을 받는 누구든 온전히 자유로울 수 없다. 실적이냐 라인이냐에 따라 월급쟁이 임원의 인생이 달라지는 것을 참으로 많이 보아왔다.

인생은 돌고 돈다. 실제로 나는 기업의 세계를 누비며 불과 몇 년 전만 해도 잘나가던 누군가가 갑자기 흔적 없이 사라지고, 주목받지 못하던 누군가가 그 자리를 차지하거나 뜨는 별이 되는 광경을 끊임없이 목격하고 있다.

인생에 굴곡이 있다는 것을 자주 경험한다. 호황과 불황이 반복되듯 누구에게든 인생에서 잘나가는 때도 있지만 바닥을

칠 때도 분명히 온다는 이야기다.

불안하게도 이 전환 속도는 점점 빨라진다. 세상이 급변하는 까닭이다. 어제의 강자가 하루아침에 약자가 될 수 있는 시대이고, 이는 남의 일이 아니라 바로 우리 앞에 놓인 현실이다.

우리는 가까운 미래에 어느 자리에 서게 될지 모른다. 수많은 별이 뜨고 지는 것을 보며 개인적으로는 살아남아 그 자리에 머물 수 있다는 것만으로도 감사하게 된다. 살아남는 자가 강한 자라는 선배들의 말을 되새기면서 말이다. 그러나 어느 위치에서도 흔들리지 않고 내 길을 가며 기회를 기다릴 수 있는, 그래서 끝끝내 살아남는 진정한 강자가 되려면 과감히 내 책상을 내 손으로 뺄 수 있어야 하지 않을까?

내가 아는 어느 대기업 사장은 오너인 회장에게 믿기지 않을 만큼 당당하다. 옆에서 지켜보는 사람이 가끔은 '저래도 되나?' '또 다른 백이 있는 건 아닐까?' '혹시 진짜 가족인가?'라고 오해할 만큼이다. 그렇다고 해서 실력이 없거나 무례하게 윗분을 모시거나 덤비는 것은 아니다. 단지 자신의 판단과 의견을 당당하게 전달하고, 이만큼 했으니 이젠 나가서 내 일을 하고 싶다는 의사를 떳떳하게 밝히는 점이 뜻밖이라는 것이다.

처음에는 협상의 기술이 아닌가 싶기도 했다. 하지만 4년 이상 지켜보며 그의 진심이 느껴졌다. 진행하고 있는 사업에 자신이 있다는 진정성이 보인다는 말이다. 지금까지 모든 성과가 대기업의 후광을 받아서 가능했다는 것을 그는 알고 있다. 그리고 기업의 규모를 가늠하기는 힘들겠지만, 적어도 자신의 목표한 만큼의 성과를 내는 회사를 누군가의 후광 없이도 만드는 것이 가능하다는 것도 알고 있다.

이 대기업 사장의 신입 시절 이야기를 듣노라면 우리가 흔히 말하듯 그는 진짜로 운이 좋았고 라인을 잘 탔다. 오너가의 아들이 사수(대리)였고, 그와 함께 미친 듯이 자신의 회사처럼 둘이서 날밤을 새워가며 일하고 회사에 다녔다니 말이다. 대기업 직원이 아니라 스타트업, 벤처 기업의 동업자로서 함께 일을 시작했다고 느낄 정도다. 그 후로도 그 사장은 그렇게 일했다. 시쳇말로 오너처럼 일했고 오너에게 꼭 필요한 사람이 되었다. 본인이 원하지 않으면 그의 책상을 누군가 뺄 이유가 없다는 것이다. 물론 너무 커서 오너 입장에서는 그 책상의 위치를 바꾸고 싶어질 수는 있겠지만 말이다.

당신은 누구를 위해 일하고 있는가? 오너를 위해, 조직을 위해, 가치를 위해, 자신을 위해? 너무 뻔한 이야기지만 당신의 미래를 위해 일하자. 당신의 브랜드를 키우자.

한국인의 평균 수명이 80세를 넘었다. 신경과학자들이 정의한 중년은 45세에서 68세까지라 한다. 우리의 인생 사이클을 과학자들의 정의로 따져보면, 리더로서의 삶은 대부분 중년과 맞닿아 있다. 팀의 리더에서 기업의 CEO까지, 그리고 정치인에서 대통령까지 중년으로서 리더의 삶을 맞이한다.

KAIST의 정재승 교수는 "나이 들수록 지혜롭고 현명해진다는 사실을 경험으로 알고 있다. 그것이 경험에서 온 사실이라는 것을 잘 알고 있지만, 신경과학자들은 중년의 뇌 전반에서 일어나는 보편 현상이라고 주장하고 있다"며 중년이 리더의 업무를 수행하기에 가장 적절한 때라고 주장한다.

우린 아직 젊다.

07

진짜 남자가
되는 법

강남역 묻지 마 살인 사건, 수락산 살인 사건, 흑산도 성폭행
사건 등이 줄지어 터져 나오면서 여성 인권에 대한 목소리가 점
점 커졌다. 더 나아가 여성 혐오나 비하에 대해 그동안 쌓인 불
만들이 거친 말로 강하게 터져 나오고 있다.

그런데 이 와중에 중년 남자들이 안쓰럽게 느껴진다. 오지랖
일까? 오버일까?

개인적으로 열거한 사건들을 남녀의 문제로만 보는 것에 대
해 반대한다. 이는 단순히 여성과 남성의 문제라기보다 사회적
약자와 나쁜 놈들에 대한 사회적 기본 시스템 부재에 관한 문
제다. 물론 흔히 말하는 '개저씨'들의 수준 이하의 여성 폄하와
비하는 시정되어야 한다. 하지만 모든 일을 시시콜콜 여성의 인

권 문제로 치부하는 것에 대해서 여자들이 모두 찬성하는 것은 아니라고 확신한다.

"남자는 하늘, 여자는 땅." 내가 결혼할 때만 해도 어른들께 귀 아프게 들었던 말이다. 가부장적인 아버지가 당연했던 어린 시절을 보내고 남아 선호 사상 때문에 이유 없이 푸대접(?)받았던 내 입장에서, 요즘 나이 든 남자를 보는 느낌이 짠한 것은 왜일까?

다 자란 아이들과 마누라에게 '슈퍼맨'이 되어주지 못해 미안하던 차에 '여성 혐오와 여성 비하'가 가장 큰 사회적 이슈가 되어버렸다. "역차별 아니냐"며 술집 구석에서 짜증을 내다가도 혹시 여자들이 들을까, 동영상이라도 찍힐까 싶어 한숨으로 풀어내는 모습이, 그들의 헛헛한 마음이 이해가 되는 이유는 동시대를 살아온 '낀 세대의 애환'에 대한 의리라 불러도 좋겠다.

2016년 6월에 방영된 KBS 스페셜 〈남자여 늙은 남자여〉를 훌쩍이며 보았다. 1부 '울고 있나요?'에서는 나이 든 남자의 위기를, 2부 '울음을 멈추는 법'에서는 그 남자들의 대변신을 다루었다. 나이 든 남자에게 필요한 덕목 중 소통은 단연 1순위다. 소통은 하지 않고 호통만 친다는 화면 속 가족들 이야기에 희수를 바라보는 아버지 모습이 겹쳐 떠올랐다.

"나이 들어서는 어느 정도 부가 있어야 행복하지. 남자는 돈을 벌어야 해요. 많이는 못 벌어도 어느 정도 벌어줘야, 그래야 식구들도 좋아하지." "가정은 조금 소홀해도 아내라는 또 한 사람의 어른이 있기 때문에 믿고." "그런데 지금 보니… 완전히 찬밥 신세."

방송에 나온 남자들의 고백이다. 시대가 바뀌었고 이제 자신들도 바뀌어야 한다는 것을 알고 있었다. 하지만 어떻게 바뀌어야 하는지 아무도 가르쳐주지 않는다. 어떻게 살아야 하는지조차 제대로 배우지 못하고 반백 년을 살아온 그들 아닌가. 어떤 남편이, 어떤 아빠가, 어떤 남자가 되어야 하는지 배우지 못한 이들에게 무조건 바꾸라고만 하는 것은 가혹한 처사가 아닐까?

이로 인해 발생하는 중년의 화병을 고치는 방법은 술도 아니고 여자도 아니고 폭력은 더더욱 아니다. 남자는 강해야 한다는 고정관념 대신, 제대로 된 남자가 되는 것을 배워보는 것이다. 호기심에서 시작하는 작은 도전도 좋고 가족과의 소소한 대화도 나쁘지 않다. '아버지 학교'에 다니는 것도 방법이다.

게임에 빠진 아이를 꾸짖기만 하기보다 아이로부터 게임하는 방법을 배워보면 어떨까? 나는 시간을 쪼개 딸아이와 필라테스를 배우러 다닌다. 수다스러운 딸이 선생님이나 타인과 소통하는 모습을 보며 아이를 새롭게 알아간다.

"상대를 바꾸는 게 너무 힘들어서, 나를 바꾸니까 정말 편하고 좋더라고요." 마지막 나온 아버지의 이야기는 정말 섹시하게 느껴졌다.

08

함께 우는 것이
공감이다

조남주 작가의 소설 『82년생 김지영』을 서점 매대에서 들어 올렸을 때만 해도 이 시대 여자 후배의 귀여운 응석이려니 생각했다. 딸아이에게나 읽어보라고 할까 하는 가벼운 마음으로 응원의 심정을 담아 구매만 해놓으려 했다. 그런데 계산대에서 서서 몇 장을 넘기자 '어, 이것 봐라' 하는 생각이 들었다. 1982년생. 나와는 다른 세상을 살아가야 마땅한 주인공 그녀의 삶이 꼭 내 이야기 같았다. 소설이 아닌 논픽션, 영화가 아닌 다큐멘터리였다. 결국 서점 한구석에 그대로 웅크려 앉아 독파해버렸다.

내가 장녀로 태어났을 때 한숨을 내쉬며 술 드시러 나가셨다는 아버지가 떠올랐다. 친할머니께 나는 남동생의 그림자에 가려져 제대로 환영받지 못했던 손녀다. "여자가 왜 그래"라는 말을 수만 번 들었고, '여자로서' 지켜야 할, 하지 말아야 할 규칙을 스스로 만들어가며 살아온 내 모습을 어떻게 이렇게 잘 묘사해냈을까?

소설 속 주인공은 1982년생이고 작가도 1978년생, 한참 후배다. 그리고 2003년생인 딸아이를 키우는 엄마의 입장은 솔직히 좀 먹먹하다. 우리 아이가 성인이 될 때쯤이면 이 소설이 과연 '남의 이야기'이고 '픽션' 같아질 수 있을까?

그런데 결혼이 빨리하고 싶다는 딸아이는 집에서 살림을 멋지게 해줄 남편을 만나고 싶단다. 집에서 웹툰을 그리거나 글을 쓰는 직업도 좋을 듯하다며 진지한 표정이다. 아들을, 손자를 키우고 있는 어른들이 이 말을 들었다면 어떤 반응을 보일까? 아니, 이 글을 읽고 있는 중년 남성들은 어떤 반응일까? 각각의 상황에 따라 다르겠지만, "세상 참 많이 변했네" 하며 혀를 끌끌 차는 분들이 대부분일 것이다.

한국 남자는 왜 한국의 '지영이'들을 이런 식으로만 규정하는 것일까? 한국 남자의 마초적 사고는 어디서부터 시작된 것일까? 혹시 『삼국지』는 아닐까? 성공을 원하는 남자라면 무릇 세 번 이상은 읽어야 한다는 남자들의 '인생의 책' 말이다. 이 책을 통해 남자들은 권력의 서열화와 노회한 전술을, 또 처세의 비법과 폭력적인 입신양명을 배운다고 들었다.

이 같은 방식으로 우리 사회는 '남자다움'을 교육한다. 남자다운 과묵이 그렇고(남자 선배들을 20년 이상 만나며 느끼는 확신은 수다는 여자가 아니라 남자의 전유물이라는 것이다), "남자는 태어나서 세 번 운다"는 출처를 알 수 없는 교훈이 그렇다. 남자라면 마땅히 해야 할 것이 있다고 훈련받는다. 좋다. 그런데 그 과정에서 왜 여자를 무시하고 차별하며 희생을 요구하는 방식을 배운 것일까?

이 땅의 수많은 '지영이' 중 하나로서 나는 이 시대 수많은 '철수'들에게 고하고 싶다. 남자로서 누릴 수 있는 권리가 대부분 없어진 지금, 그저 커다란 중압감으로 살아가야 하는 중년 남성들에게 한 말씀 드리고 싶다. 내 짝꿍 '지영이'를 위로해달라고. 지영이가 드라마를 보면서 눈물을 흘리면 옆에서 핀잔주지 말고 같이 울어달라고. 지영이가 말을 하고 싶어 하면 털버덕 앉아 같이 수다를 떨어달라고. 책장에 『삼국지』 전집이 꽂혀 있다면, 그 옆에는 지영이가 좋아하는 서정적인 시집도 슬쩍 꽂아달라고. 그럼 그 몇 만 배로 지영이의 사랑을 받을 수 있을 것이라고.

6장

리더의
자기 관리 전략

리더의 자기다움은
자기만의
색다름이 만든다

01

아재가 아니라
리더로 살아가기

헤아려보니 지금까지 많을 때는 한 달에 80여 명, 대략 1,000명 이상의 남자를 만나 그들의 이야기를 듣고 코칭하며 지냈다. 세상에는 멋진 남자가 의외로 많음을 체감하며 남편에게는 미안함도 잊은 채 위험한 상상을 해본 적도 있지만, '저 남자가 내 남자가 아니라 천만다행이다'라는 안도의 한숨을 쉬게 하는 사람들 덕분에 결혼 생활이 잘 유지되고 있는 듯하다고 농담 삼아 이야기한다.

남자의 멋짐에는 이유가 있다. 표정이나 말투부터 패션 스타일과 매너, 지적인 면까지 많은 이유가 그를 멋지다고 느끼게 한다. 하지만 남자의 못남에는 한 가지 이유만 존재한다. 바로 '꼰대짓'이다. 세상 변화를 인식하지 못하고 자기 고집에만 빠져 주변 사람을 불편하게 하는 사람 말이다. 적어도 나에겐 그렇다.

대기업 모 사장은 겉으로는 매너 좋고 친절한 듯하지만, 뿌리 깊은 남성 우월주의자다. 여자는 마누라 아니면 섹스 파트너 정도로만 생각한다. 속으로야 그런 생각을 가질 수 있겠지만, 노골적으로 표현하는 클라이언트는 나 같은 여성 컨설턴트에게 가장 힘든 존재일 수밖에 없다. 고객 만족을 위해 어떻게든 '갑'인 고객과 더불어 '을'인 나의 마음도 다치지 않는 선에서 코칭을 마무리하지만, 가끔은 성질 못 죽이는 성격 탓에 "뭐 이런 여자가 다 있어. 다 그렇고 그런 거지" 같은 심한 말을 듣고 끝나기도 한다. 대체 뭐가 다 그렇고 그런 것이란 말인가?

최근에는 이런 대책 없는 분들을 '개저씨'라고 부르는 모양이다. 영화배우 원빈의 활약으로 한때 이미지 반전에 성공했던 '아저씨'라는 단어는 어느새 '개'라는 혐오감 섞인 접두사를 만나 젊은 직장 여성들이 화를 내며 연발하는 대사가 됐다. '꼰대'가 자신의 경험이나 방식을 상대방 의사와 관계없이 강요하듯 말하는 일방향 캐릭터였다면, '개저씨'는 한술 더 떠 자신의 지위를 무기로 여성과 약자에게 갑질하는 중년 남자를 말한다.

그들은 집안에서 남자라는 이유만으로 부모로부터 대접받고 자란 소년이었을 것이다. 학교에서는 공부 잘한다는 이유로 제대로 된 인성 교육에는 힘을 쓰지 못했을 것이며 군대 가서는 상명하달식 마초 문화를 주입받았을 것이다. 그리고 한 가족을 책임진다는 가장이라는 이유로 가부장적이고 타인에 대한 배려심 없는 태도를 용인받아왔을 가능성이 크다. 이렇듯 한국 사회는 오래도록 소년을 개저씨로 키워온 것이다.

답답한 마음에 남자 선배들을 만나 솔직한 대화를 나누다 보면 가족을 위해 희생해온 아빠이며 직장의 생존 경쟁에서 살아남기 위해 몸부림쳐온 그들의 삶을 이해하게 되면서도 여전히 그런 생각을 하는 중년 남자가 적지 않아 안타깝다.

요즘 중년 남자를 지칭하는 또 다른 유행어가 있다. 바로 '아재'다. 아저씨보다 훨씬 친근함을 유발하는 이 단어는 중년 남자의 권위주의를 모두 내려놓았음을 내포한다. 개저씨가 되지 않기 위해 아재 개그를 연마하며 젊은 세대와 소통하려고 몸부림치는 중년들도 있다는 이야기다.

시대는 변했다. 그리고 꼰대가 되기에는 아직 너무 젊지 않은가. 조언하건대 당신은 알파고보다 한 수 높은 인생의 고수다. 부디 고수의 기품과 낭만을 아는 멋진 남자로 남기를.

0 2

건강 관리는
내 삶에 대한 의리 지키기

2016년 6월, 갑자기 다리가 후들거리다 정신을 잃고 쓰러져 응급실에 실려 간 적이 있다. 생사가 촌각을 다투는 현장에서 12시간이 지나서야 퇴원한 것을 보면, 그 쓰러짐의 깊이가 얕지만은 않았던 모양이다.

강의와 컨설팅이 주업인 내가 단어를 구사할 수 없을 만큼 입이 닫히고 제대로 서 있을 수 없는 상태가 되었는데도, 그 순간에는 '오늘 저녁 약속 어떻게 하지?' '설마 내일부터는 일할 수 있겠지?'라는 어리석은 생각을 하고 있었다. 그런데 내가 죽을 수도 있다는 사실을 의사의 표정에서 읽은 순간, 캄캄함보다 더 큰 어둠이 밀려왔다. 모든 생각은 오로지 '살았으면 좋겠다' 아니 '살고 싶다'로 모였다. 내가 다시 무탈하게 살아난다면 이제는 조금 다르게 살고 싶다고, 살려달라고 기도했던 기억만 생생하다. 미친 듯이 앞으로만 달려가던 중년에 이르러 엄청난 폭풍을 겪고서야, 부모님이 왜 늘 건강 먼저 챙기라고 신신당부 하셨는지 알게 되었다. "오늘이 마지막인 것처럼 살아라"는 명언의 의미도 새삼 뼈저리게 느껴졌다.

그 후 1년이 더 지나 또래 배우인 김주혁의 갑작스러운 사망 소식을 들었다. 그때 되짚어보니 그 전쟁을 겪은 지 1년을 훌쩍 넘겨서도 생활이 그리 바뀌지 않았었다. 하지만 삶에 대한 태도는 분명 변했다. 더 맘껏 먹고, 더 과감해지고, 하고 싶었던 일을 더 많이 하고, 무리하지 않기 위해 거절도 하고, 나 자신에게 조금 더 너그러워지고 몸을 아끼게 되었다. 나의 DNA에 맞는 생활로 즐거움을 찾아가고 있었다. 내가 그리고 가족이 삶의 중심이 되니 후회가 줄고, 우선순위 결정이 빨라 시간도 벌고 스트레스도 줄었다.

내 건강을 먼저 고민하고 몸을 아끼기 위해 노력하고 관리하는 건강한 리더를 응원하고 싶다. 눈치 보지 말자. 배우자에게도 자녀에게도 심지어 직원들에게도 건강 관리하는 것을 미안해하고 눈치 보는 중년의 리더들을 간혹 본다. 잘못된 판단이다.

"비즈니스의 마지막은 의리다." 가장 존경하는 선배의 가르침이다. 그런데 자기 자신에 대한 의리가 가장 먼저 아닐까? 내가 쓰러지면 모든 것은 의미 없다. 진짜 의리는 내가 살아서 약속을 지켜가는 것이다. 건강하지 않으면 1차적으로는 내가 힘들지만, 2차적으로 가족을 비롯한 타인을 섭섭하게 하는 일을 만들 수 있고 어느 순간 본의 아니게 관계가 멀어지기도 한다. 외로우니 더 아프다.

출근하며 계단을 걸어서 올라가거나, 식사 후 산책을 하는 것부터 일단 시작하자. 스트레스를 만드는 시간이 아닌 풀 수 있는 시간이라면 술자리도 의미가 있다. 가장 당신답게 스트레스를 해소하라.

오롯이 내 몸을 위한 시간을 마련하자. 긍정적 기운과 영감 넘치는 파트너가 곁에 있으면 더 좋겠지만, 혼자서도 관리할 줄 알아야 오래도록 외롭지 않다. 이제라도 '내 몸 사용 설명서'에 관심을 두고 내 삶에 대한 나만의 의리를 지켜보는 건 어떨까?

0
3

중년에 시작해도
노년에는 전문가

미국 대선을 앞둔 각 당의 경선 현장을 보기 위해 2016년 2월 아이오와 코커스와 뉴햄프셔 프라이머리에 다녀왔다. 현장에서 느꼈던 충격 중 하나는 후보자들의 나이였다. 엄청난 자금을 확보했던 60대의 젭 부시도, 공화당 지도부가 밀어주던 40대 중반의 마르코 루비오도 경험 부족한 아이같이 느껴졌다. 급기야 70대 후보들에게 밀려 중도에 포기하는 모습을 보며 미국 대선 후보 경선에는 70은 넘어야 나올 수 있구나 싶었다. 76세의 버니 샌더스는 물론 힐러리 클린턴과 도널드 트럼프도 70대에 들어섰으니 말이다.

 '정치는 나이 들어서 하는 놀음이니까 가능하겠지'라고 생각하는 소심한 중년들이 있다면 80세 목욕 관리사, 일명 '목욕의

신'이라는 할아버지 이야기를 꺼낼 수밖에 없다. 그는 피부 손상 없이 때 미는 솜씨, 피부에 맞게 때 타월을 골라 쓰는 맞춤형 관리로 인정받았다. "이게 다 15년 연구의 결과"라며 여전히 분석을 멈추지 않는 그는 젊어 보였다. 우스갯소리로 "수분이 많은 곳에서 일해서 늙지 않으셨나 보다"고 말할 정도였다.

그가 40년간 이발 일을 하다가 생계를 위해 세신 일을 시작했을 때가 65세다. 새로운 직업에 도전한 지 15년 만에 지금은 많은 사람이 줄을 서서 기다리는 전문가가 된 것이다. 남들 보기에는 어떨지 몰라도 스스로에게는 더할 나위 없이 소중한 일이라는 자부심과 충만한 책임감에 오늘도 출근 준비에 바쁘다니, 그 젊은 생각이 부럽기만 하다. 따지고 보면 이 글을 읽고 있는 1970~1980년대생은 이제야 '젊은 어른'이고, 중년이라고 생각하는 당신은 아직도 청년인 것이다.

한 지인은 정년을 앞두고 요리 학원에 다녔다. 그동안 미안했던 가족, 특히 아내에게 맛난 음식을 차려주기 위해서였다. 정년 이후 한 달간 삼시 세끼를 차려주며 열심히 아내에게 봉사했다. 그런데 아내가 그에게 던진 말은 이랬다. "이제 그만해. 한 달간 먹어줬으니 제발 나가서 노세요."

자기만의 시간을 갖고 싶었던 아내의 마음을 고려하지 못했고 오로지 자기 처지만 생각했던 게 미안하기도 했지만, 고마워할 것이라는 기대가 깨져 적지 않게 서운했노라고 심정을 털어놓았다. 다행히도 그 지인은 요리가 재미있고 소질도 있다고 생각해 지금은 요리 전문가로 왕성하게 활동 중이다.

"이번 생이 마지막일까?" "언제 죽어도 호상이다" 등의 칙칙한 농담을 하는 분들은 차라리 갖고 싶었던 장난감을 사서 조립이라도 해보는 게 어떨까? 아니면 사진이나 글쓰기라도 배워보기를 바란다. 그것이 나의 또 다른 직업이 될 수도 있다고 생각하면서 말이다.

인생 1막, 주위의 눈치로 선택했던 직업을 마무리해야 하는 시점이 됐다면 이제 그만 초조해하자. 대신 하면 할수록 재미있고 신나는 '나만의 2막'을 지금부터 준비해보자. 10년이면 전문가가 될 수 있다는 '1만 시간의 법칙'에 따르면, 아직은 청년인 당신이 60세가 되었을 때 그리고 그런 당신이 80세가 되었을 때는 그 분야 최고의 전문가로 멋진 어른이 되어 있을 테니.

0
4

구경꾼입니까,
플레이어입니까?

2002년의 뜨거웠던 6월을 기억하는가? 우리나라에서 월드컵이
개최됐던 2002년, 믿을 수 없을 만큼 벅찼던 4강전 진출 그리고
그 열기를 더 불타오르게 했던 붉은 악마의 광장 응원으로 온
나라가 축제 분위기였던 것이 아직도 생생하다. 나는 후회를 거
의 하지 않는 성격인데, 그런데도 후회하는 한 가지만 뽑아보라
면 그때 직접 응원을 해보지 못한 것이 아쉬움으로 남는다.

예를 들면 1시간 거리에 상암경기장이 있는데도 축구 응원을
직접 해보지 못한 것, 시간을 내서 경기 티켓을 구매해보지 못
한 것, 적어도 응원의 열기가 느껴졌던 광장에조차 직접 나가
보지 못했던 것 등 바로 이 땅에서의 축제 현장을 직접 체험하
지 못하고 호프집에서 친구들과의 TV 응원으로 위안을 삼았

다는 것이다.

당시 아는 선배가 월드컵 티켓 예매를 시작하자마자 준결승 4강전 티켓을 구매했다고 했다. 이유인즉 결승전이 일본에서 열리니, 우리나라에서 구매해 직접 가볼 수 있는 월드컵 빅매치로는 4강전이 최고의 경기였기 때문이란다. 그때는 허세처럼 들렸지만, 이제 그 선배의 나이보다 어른이 된 내게는 그 선배가 진짜 멋진 남자였다는 생각이 든다.

축구 좋아하는 사람은 바르셀로나에 직접 가서 축구 경기를 보고 오고, 야구 좋아하는 사람은 류현진을 보려고 미국에 다녀오는 세상이다. 물론 일부 능력 있는 사람의 이야기처럼 들리겠지만, 이런 사람이 실제 상당수 존재한다. 가끔은 성공한 것을 자랑하려고 일부러 월드컵 보러 비행기 타고 날아가는 사람도 있을 것이다. 하지만 대부분은 자신이 좋아하는 경기를 TV로만 보지 않고 그 자리의 열기에 동참하려고 바쁜 중에도 시간과 경제적 여유를 만들어 직접 찾아간다. 그들에게는 자랑이 아니라 현장의 정취를 즐기는 것이다. 이게 바로 성공한 남자들의 시간 보내기다.

'미친 짓을 하고 있구나'라는 생각이 들 수 있다. 하지만 무엇이든 한 번쯤은 시도해보라. 그래야 꽃중년이다. 어렸을 때 못했다면 언제 올지도 모를 '나중에'가 아니라, 바로 지금 해봐야 하지 않을까? 스스로 결정하고 움직이다 보면 오랜 세월 같은 일을 반복해온 중년의 재미없음 혹은 지루한 일상에 활력을 찾을 수 있다.

2018년 2월, 세계적 이벤트가 평창에서 열렸다. 이때 "추운데 집에서 TV로 보지 왜 돈 내고 가서 봐야 해?"라고 말하는 이들이 있었다. 그런데 이런 말은 차라리 나았다. "돈 내고 가는 사람들을 이해하지 못하겠다"며 혀를 찼던 분들도 있었다. 이들은 진짜 꽉 막힌 아재다.

직접 가서 본다는 것은 참여라는 의미가 있다. 이것은 애국의 차원이 아니다. 몇 시간 거리에서 열리는 세계 축제에 직접 가보지 않고 있음은 삶에 대한 게으름 아닐까? 나는 그 당시 주변 사람들에게 권했다. "제발 즐겨라." "재미를 놓치지 말라." "날씨가 끔찍하게 춥다면 실내 경기를 보면 된다."

무엇이든 즐거운 마음으로, 그동안 하지 않았거나 못했던 것을 행하라. 그것이야말로 자신을 변화시킬 수 있는 첫 시도가 될 것이다.

'불언실행 지행합일不言實行 知行合一'은 실천적인 행동주의자였던 공자의 신조이자 이상이었다. 말로 표현하지 않고 잠자코 실행하는 것이 참지식이라는 이야기다. 우리도 알고 있듯, 성공에는 반드시 실행이 따라야 한다. 내 삶에서도 한 번쯤 호사스러운 성공을 느껴볼 때다.

05

오래된 편견에서
벗어나다

한 여직원이 팔에 깁스를 하고 찾아왔다. 상사에게 성폭행을
당했다고 했다. 처음엔 연애인지 아닌지 헷갈렸지만, 상사여서
만나자는 요청을 뿌리칠 수 없었다고 했다. 만나다 보니 상사가
더 많은 것을 원했고 거부하는 그녀에게 강압적인 태도와 폭행
까지 더해져 매일매일 힘들었다 한다. 팔에 한 깁스는 사고 당
시 성추행을 방어하면서 생겼다고 한다. 그녀를 때리는 그를
보고 지나가는 시민이 신고해줘 경찰서로 갔고 성폭행으로 고
소를 했단다. 그 후 상사가 고소 취하를 요청하면서 결혼까지
생각했었다며 매일 집 앞으로 찾아와 손이 발이 되게 빌자, 마
음이 약해진 그녀는 고소를 취하해주었다 한다. 그런데 그 후
남자의 태도가 돌변했다는 것이다. 여기까지가 내가 그녀에게

들었던 이야기다.

여직원은 그 사건이 일어나기 전에는 회사에서나 개인적으로 어떤 이야기도 해준 적이 없었다. 난 둘의 관계를 의심해본 적이 없었다. 그녀는 상황이 억울하자 나를 찾아와 그런 인물을 임원으로 둔 회사를 협박했다. 어떻게 그런 남자를 여성들이 고객의 대부분인 회사에 임원급으로 둘 수 있냐는 것이었다.

그녀는 나의 평판을 믿고 이곳에 입사했으니, 이 문제에 대해 내가 책임을 져야 하는 거 아니냐고 따졌다. 그러면서 더는 그 남자가 이 회사의 임원으로 있는 것을 지켜보지 못하겠으니 빨리 조치해달라고 요구했다. 그렇지 않으면 언론에 이야기해 내가 사업을 하지 못하게 할 수도 있다며 엉뚱하게도 나에게 으름장을 놓았다. 무섭고 두려운 것이 아니라 어이가 없었다. 아마 억울한 미투를 당하는 남자들의 입장이 나와 같지 않을까 하는 생각이 들었다.

우선 잘못된 상황 파악과 억지에 대해 사회 선배로서 따끔하게 혼내고 싶었지만, 상사로서의 태도를 보였다. 지금에서야 내게 이야기한 당신에게도 책임이 있고, 둘은 미혼이고 남녀 관계로 만날 수도 있으므로 이 문제는 두 사람의 입장을 다 들어봐야겠다고 했다. 맹세코 그런 관계가 아니라고 말한 그녀를 믿지만, 또 다른 역차별이 벌어질 수 있기 때문이다.

확인해보니 그녀의 말은 사실이었다. 가해자인 임원은 '남녀 간에 그럴 수도 있는 것 아닌가. 여자 문제가 회사 일을 하는

데 무슨 문제가 될 수 있느냐'는 입장이었다. 안하무인이었다. 내가 사람을 잘못 본 것이다.

두 사람이 참 비슷했다. 하지만 20여 년간 사업하면서 여자로서 부당함을 경험해봤고 그만큼 힘들어보았던 선배로서 그 사건을 그냥 지나칠 수는 없었다.

그래서 상사로서 그 임원에게 경고 조치를 하고 직무 정지를 결정했다. 또한 여직원이 고소를 취하한 상황이므로 만약 그녀가 원한다면 내가 대신 할 수 있는 해결 방법이 있는지 알아보았다. 앞으로 우리 회사에 이러한 일이 없도록 잘못된 것을 바로잡고 다른 직원들에게도 모범 사례를 보여주고 싶었다.

절차가 막상 진행되고 직접 증인이 되어야 하는 시점이 되었을 때 그 여직원은 모든 관여를 거부했다. 알고 보니 부모의 반대가 심했던 모양이다. 앞으로 그녀의 인생을 위해서라는 이유에서다. 두 달 넘게 여직원의 억울함을 풀어주려고 달려온 나는 기가 막혔다. 입장 바꿔 생각해보니 그녀를 이해할 수 있을 것 같아 참고 넘어갔다.

이렇게 미투 사건은 내게 상처만 남겼다. 하지만 요즘 같은 사회 환경에서는 지켜줄 힘이 없었다. 무작정 싸우자고 설득하기에는 현재 비즈니스 사회가 또 다른 편견으로 여성을 힘들게 할 것을 알기에 자신이 없었다. 그 여직원은 시집도 가야 하고 직장도 얻어야 하는데 원치 않는 2차 피해를 볼 수도 있으니 말이다. 무엇보다 자신에게 도움이 되지 않을 이미지를 남기고 싶지 않았을 것이다. 어쩌면 일하는 젊은 요즘 여성의 민낯일 수도 있다. 왜 그렇게 내게 화를 냈고 또 그렇게 쉽게 포기하는가? "무책임하고 가식적이다"라고만 말할 수 있는 문제가 아니다.

요즘 미투 운동이 세계 이슈다. 여성 인권에 대한 강한 운동이 일어나고 있는 것을 보면 여러 생각이 든다. 어찌되었든 이제는 그녀들이 나서겠다는 자신감을 가져서 다행이다. 그때의 그 여직원처럼 숨지 않는 용기가 생겼을 테니까.

이미지 전략가로서 PI 컨설팅이나 코칭 또는 강의로 만난 중년 리더는 지금까지 수천 명이 넘는다. 그중에서 90% 이상이 남성이며 여성은 10% 내외다. 대부분의 남성은 기혼자이며, 오너 가족을 제외하면 여성의 반 이상은 미혼이거나 독하다는 이미지가 덧씌워진 싱글 여성이다. 그리고 대부분의 리더는 쓸쓸함과 고독함을 느끼고 있으며 그것을 즐기거나 일로 승화하면서 나름의 리더살이를 하고 있다.

그래서 어쩌면 지금의 미투를 달갑게 생각하지 않을 수도 있다. 그 억울함을 다 참고 이겨내며 온 것이니까 말이다. 남자 리더도 마찬가지다. 미투는 남녀의 문제가 아니다. 리더로서의 태도, 서로의 인권 문제다.

판사의 판결도 그에게 딸아이가 있느냐 없느냐에 따라 차이가 난다고 하는 세상이니, 우리의 딸과 아들이 어른이 되었을 때 이 '미투'라는 역사적인 과거를 어떻게 기억하게 될지 정말 궁금하다. 여자를 그저 섹스 파트너로만 보는 남자, 남자를 힘

센 돈 벌어오는 짐꾼으로만 아는 여자들이 희귀종으로 분류되는 세상이 오지 않을까?

지금의 리더들도 남녀에 대한 오래된 편견에 갇혀 의식을 바꾸지 못한다면 더 빠르게 늙은 꼰대로 취급받게 될 것이다. 이와 함께 그 어떤 자리든 그 자리가 불안해질 것이다.

06

나만의 시간과
공간이 있습니까?

리더에게는 혼자만의 시간이 필요하다. 이것은 내가 생각하는 좋은 리더의 필수 항목 중 하나이기도 하다. 나만의 시간을 확보하지 못하면 리더로서 제대로 된 리더십을 발휘하기가 어렵고, 개인적으로도 행복한 삶을 살기 어렵다. 그래서 리더는 심지어 자기 자신과도 거리를 둘 때가 있어야 한다.

잠시 거리 이야기를 해보자. 누구에게나 지켜줘야 하는 거리가 있다. 모든 인간은 타인의 침입을 거부하는 개인의 사적 영역을 필요로 한다. 이 영역을 개인 공간이라고 부른다. 문화인류학자 에드워드 홀의 근접학에 따르면 인간관계 거리 유형에는 4단계가 있는데, 다른 사람이 관계 이상의 거리로 침범했을 때 대부분의 사람이 불편함을 느낀다고 한다.

예를 들면 공적인 거리는 3.5m 이상인데 대중과의 거리를 말한다. 사회적 거리는 1.2~3.5m로 직장에서 지켜야 하는 거리다. 개인적 거리는 46cm~1.2m로 친구나 지인의 거리다. 마지막으로 연인이나 가족 간의 거리는 친밀한 거리로 15~46cm다. 여기서 우리가 관계에서 주목할 점은 무조건 가깝기만 하다고 좋은 것은 아니라는 점이다. 가족 간의 친밀한 거리도 15cm가 지켜지지 않을 때 오히려 소통의 벽이 생길 수 있다. 이 거리는 서로를 위로하고 보호해줄 수 있는 거리이기도 하지만 싸우거나 위협을 느끼는 거리가 되기도 한다. 어느 관계나 마찬가지겠지만 상대가 원할 때, 준비가 되었을 때 우리는 상대에게 다가가야 하는 것이다.

하물며 내 가족에게도 지켜주어야 할 15cm의 거리, 즉 개인 공간, 개인 시간이 필요하다는 것을 알아야 한다. 일명 누구에게나 지켜줘야 할 프라이버시가 있음을 인정하면 좋겠다.

필요한 순간이라면 혼자만의 시간이 필요하다고 요청해도 된다. 가까운 가족에게 미안한 마음을 가질 필요 없다. 가족의 건강한 소통을 위해서라는 근거를 내세울 수도 있다. 이것은 남자들이 자기만의 동굴로 들어가 머리를 식히는 것과 다르다.

남자와 여자, 어린이 누구든 지키고 싶은 프라이버시가 있고 스스로와 대화할 수 있는 혼자만의 시간이 필요하다는 것을 이해해줘야 한다. 사이토 다카시 교수의 『혼자 있는 시간의 힘』은 출간 5개월 만에 무려 17만 부가 팔렸다. 혼자만의 시간에 대한 바람이나 필요성을 느끼는 사람이 그만큼 많다는 반증이다. 현재 혼자 있는 시간의 힘을 키워가는 리더는 얼마나 될까?

이 프라이버시, 개인 공간과 시간은 근접학만의 문제가 아니라 리더십을 위해서도 중요하다. 조직을 이끌어가는 리더라면 누구나 혼자만의 시간을 통해 생각의 힘을 키워야 한다. 고독을 느낄 시간이 있어야 한다. 몰입을 통한 남다른 시각을 키워야 한다. 0.5%의 진짜 좋은 리더는 그 힘을 키우는 시간을 누구에게도 양보하지 않는다.

이어령 교수가 과거 《주간조선》 인터뷰에서 "개인주의자이면서도 이웃에 대한 헌신과 사랑을 베푸는 초월적 개인들이 선진국에 나타나기 시작했다"면서 한국도 선진국으로 가려면 "떼문화를 버려야 한다"고 했다. 이는 혼자 있는 모습이 예전처럼 친구가 없어 보이거나 인간성이 나빠 보일 것 같아 남의 눈치를 보거나 어색해할 일이 아니라는 것이다. 나 자신이 소중한 만큼 남도 소중하다는 걸 아는 이타적인 개인이 많아지고 있다.

함께하면서 해야 할 일이 있듯 혼자서 해야 할 일이 있다. 특히 리더라면 그 시간을 더 챙겨야 한다. 바쁘다면 하루에 30분이라도 좋다. 그 시간만큼 어떤 약속도 피하고 어느 누구에게 양보해서는 안 된다. 멈추고 잠시 멍해지면 어떨까? 차 한 잔이나 커피 한 잔을 음미하며 자기 자신을 들여다볼 수 있는 시간 정도도 자신에게 줄 수 없는 삶이라면 너무 애처롭지 않을까? 중년의 리더, 자신을 위한 시간을 많이 가져야 할 때다.

07

새로운 시도를
하고 싶다면

기업에서 요직에 있던 선배들에게 요즘 가장 많이 듣는 말이
"나도 정치나 해볼까?"다. 개인적으로는 당황스러운 질문이다.
정치에 관심을 둘 것이라고는 전혀 예상하지 못한 분들일수록
특히 더 그렇다.

하지만 그 마음을 이해 못 하는 것도 아니다. 대한민국의 현
재 정치 현실이, 정치라는 분야가 누구나 도전할 수 있는 영역
으로 느껴지기도 한다. 그래서 재취업을 희망하는 중년에게는
정년이 없어 보이는 그 자리가 충분히 '미래 먹거리'로 생각될
수도 있다. 그런데 아이러니하게도 정치하는 선배들에게서는
"나도 돈이나 벌어볼까?"라는 말을 가장 많이 듣는다. 중년이
라는 포지션은 어느 자리에 있든 그 자리 유지 자체가 녹록지

않기에 나오는 뼈아픈 구두선口頭禪이 아닐까 싶다.

"사표 내고 창업이나 하지 뭐. 와인 바 하면 잘될 것 같은데, 고깃집도 괜찮고. 어때? 내가 인맥은 좀 되잖아. 허 박사도 올 거지?" 일명 '임시 직원'이라고 칭하는 그 자리가 무겁기에 하는 농담인 듯 농담 아닌 농담 같은 질문이다.

그런데 그 작은 질문에 '을'의 위치에서는 참 많은 생각을 하게 된다. 우선 '갑질'이 심했던 고객이 그런 질문을 하면 겉으로야 웃지만 '농담도 잘하셔'라는 마음속 답변이 울린다. 먹고살기 위해 어쩔 수 없이 '갑'이라는 지위에 고개 숙여야 했던 '울트라 을'의 처지를 경험한 사람이라면 같은 마음 아닐까? 지금 배경이 되어주고 있는 '자리'라는 포장을 벗기면, 자신도 그 신세가 될 수 있다는 것을 망각한 순진한 착각일 듯싶다.

반대의 경우도 있다. 평상시 수평적 파트너로서 좋은 관계였던 '갑'이라면 차원이 다르다. 그런 분들은 인간적으로도 존경하기에, 퇴직하더라도 어디서 일하든 사람들을 모아 달려갈 용의가 있다.

모 방송사를 퇴직한 지 벌써 5년 차가 된 지인은 전보다 지갑 사정이 훨씬 나아졌다고 자랑한다. 기존에 좋은 관계를 맺었던 '을'이자 후배들이 자리를 잘 잡아 그 지인을 서로 고문이나 이사로 모시려 하다 보니, 환갑을 훌쩍 넘겼음에도 몸값이 예전 못지않다는 것이다. 그는 어느 자리에서든 타인에게 도움을 주기 위해 노력해온 사람이었다. 공생 원칙을 지키며 상생

할 수 있는 먹거리를 진심으로 고민해주는 사람으로 유명했다. 게다가 하루하루 바쁘게 사는 후배들에게는 먼저 연락을 하는 선배였다. 그렇게 '을'이 아닌 '인연'으로 대해주던 마음을 알기에 후배들 또한 상황이 역전되었을 때 기꺼이 그를 도와주려 했던 것이다.

명예로운 재취업은 쉬운 일이 아니다. 앞서 "정치나 해볼까?" 하는 말처럼 새로운 도약을 꿈꾼다는 것은 도전 정신이 아직 있다는 점에서는 긍정적이다. 다만, 현실을 회피하려고 다른 분야 전문가의 일을 쉽게 생각한다면 이는 큰 착각이다.

새로운 시도를 하려면 준비를 철저히 해야 한다. 은퇴자 1,000명에게 가장 후회하는 것을 물었더니 '명함을 미리 준비하지 못한 것'이라는 대답이 2위를 차지했다. 회사를 나오고 나서야 벌거벗은 개인이라는 것을 느꼈다는 것이다. 특히 높디높은 자리에 있던 분일수록 박탈감이 심했다.

"회사는 전쟁터지만 회사 밖은 지옥"이라는 드라마 〈미생〉의 명대사처럼, 세상으로 나온다는 것은 청년에게도 중년에게도 쉬운 일이 아니다. 그래서 우리에게는 지옥을 견뎌낼 만한 갑주가 필요하다. 사람이든, 기술이든, 명함이든.

08

삶과 관계에
짓눌리지 않기

"직장인들은 주머니에 사직서를 넣고 다닌다지만, 나는 이혼 서류를 넣고 다닌다." 지인의 말이다. 결혼한 사람이라면 누구나 한 번쯤 생각이 스쳤을 단어, 이혼. 또 다른 지인은 "이혼보다는 졸혼이 낫지. 요즘 60대 사이에 '졸혼 고백'이 화제야"라고 말한다.

'졸혼'은 '결혼을 졸업한다'라는 뜻으로 혼인 관계는 유지하지만, 부부가 서로의 삶에 간섭하지 않고 독립적으로 살아가는 개념이다. 일본에서 인기를 끌고 있는 신풍속이다.

혼인의 결합 관계는 유지하며 몸이든 마음이든 따로 떨어져 살면 이혼을 고민하는 '별거'일 텐데, '졸혼'이라는 이름을 써서 서로 상처도 줄이고, 사회적 문제 제기가 어려운 일본식 이혼으로 포장한 게 아닌가 싶다. 일제강점기 때만 하더라도 이혼은 신문에서 비중 있게 다룰 정도로 큰 사회 문제였다. 추측건대 일본인의 문화에서는 여전히 이혼 자체를 긍정적으로 받아들이기 쉽지 않을 것이다.

고려 시대를 보더라도 이혼과 재혼이 자유로웠다. 그 시대에 이혼하고 재혼한다는 것은 흔한 일로, 그다지 죄스러운 일이 아니었다. 재혼도 부덕으로 생각하지 않았다. 과부나 이혼녀라는 이유만으로 불리한 재혼을 했던 것도 아니었다. 성종·충렬왕·충숙왕 등은 이혼한 여자를 왕비로 맞아들였다고 하니, 어쩌면 그때가 지금보다 더 개방된 사회가 아니었을까 싶다.

유교 영향으로 정절을 강조했던 조선 시대에도 이혼은 존재했다. 단지 양반들은 이혼하려면 왕의 허락을 받아야 했고, 평민은 자율적인 합의 이혼을 할 수 있었다.

이혼의 역사를 이야기하는 이유는, 한 가정의 가장으로 치열하게 젊은 날을 보낸 '꽃중년'이라면 남아 있는 삶에 대한 로맨스를 잃지 않았으면 하는 바람에서다. 필요하다면 이혼까지도 두려워 않는 도발을 감행하면 어떨까 싶은 것이다. 어깨를 짓누르는 삶의 무게를 벗어던지고 자유를 얻어 마음이 늙지 않는 삶을 추구해보자는 이야기다. 이제 누군가와 '억지로' 함께 사는 것은 아니어야 하지 않은가 말이다. 피 끓는 뜨거운 관계까지는 아니더라도 서로에게 '원수'가 아닌 적어도 '가족'으로의 삶은 살아야 하지 않을까?

단점이 없는 사람은 없다. 하지만 싫은 것만 보이는 사이라면 의심할 여지가 없다. 차라리 화끈하면서도 가슴 설레는 중년의 원숙한 로맨스가 있는 삶을 위해 지금이라도 주머니 속 '결혼 관계 사직서'를 던지는 용기를 부려보자. 어쩌면 상대의 가방에도 '이혼 서류'가 준비되어 있을 수 있다.

그렇다고 내가 이혼 예찬론자는 아니다. 가정을 지키는 것이 중요하다고 여기는 대한민국의 평범한 아내이자 엄마다. 그러나 내 가슴속 한 켠에도 이혼 서류가 있다. 모든 사람은 언제나 이혼할 수 있는 이혼 예정자다. 자의든 타의든 언제 어떻게 이별을 하게 될지 모르기에 연습을 해야 한다. 단지 가슴속 사직서를 언제 던질지는 함께하는 동안 더 열심히 사랑하고 아껴주며 후회 없이 살고 나서 그때를 선택하면 된다. 1년 뒤일까? 아니면 10년 뒤일까? 그것도 아니면 저승길에서 선택할 수도 있다.

오늘의 도발에 박수 쳐줄 아량이 있다면, 당신은 이미 젊다.

0
9

독한 술
한잔의 위로

누구나 독한 술 한 잔이 생각날 때가 있다. 사업 8년 차 때쯤으로 기억한다. 회사의 존재 위기가 느껴진 힘든 일을 겪은 그날, 가본 적 없던 집 앞 포장마차를 지나칠 수 없었다. 어렸을 적 드라마에서나 보던, '아버지'라는 이름을 가진 중년들이 많은 생각을 담은 표정으로 깡소주를 마시던 장면처럼, 그때 내 앞에도 소주 한 병과 투명한 소주잔이 놓여 있었다.

한 모임에서 시대를 앞서가는 선배 한 분이 "요즘 중년은 경험(?)을 마신다"라며 은밀한 남자들의 술 이야기를 털어놓기 시작했다. 선배는 야근이 많았던 몇 년 전부터 퇴근할 때 집 앞 조용한 싱글 몰트 바를 혼자 찾는다고 한다. 심신이 피로한 날, 술 한 잔 떠오르는데 친구나 후배를 불러내기도 딱히 어려운 시간, 선배의 몸이 자연스럽게 찾아간 바는 일명 비밀스러운 콘셉트를 내세우는 스피크이지 바_{speak-easy bar}다.

혹시라도 이쯤 해서 예쁜 여성이 술을 따라주는 공간을 떠올렸다면, 당신은 어쩔 수 없는 '꼰대'다. 스피크이지 바는 1920~1930년대 대공황 여파로 미국 정부가 금주령을 내렸을 때 몰래 술을 팔던 밀매점에서 유래한 말이다. 블라인드 타이거 또는 블라인드 피그라고도 불린다. '스피크이지'란 이름도 손님들이 작은 목소리로 속삭이듯 이야기한다는 의미로, 불특정 다수에게 공개되지 않고 아는 사람만 찾아갈 수 있는 은밀한 가게를 통칭하는 말이다. 꽃집 등으로 위장하거나 간판이 없고 출입구가 숨겨져 있는 것이 특징이다. 이런 스타일의 바는 우리나라에서도 혼술을 즐기는 사람들이 프라이빗하게 즐기는 문화 공간이 되고 있단다.

말하지 않아도 마음을 알아주는 단골 바에 대한 환상, 익숙한 얼굴의 바텐더에게 "늘 마시던 걸로"라는 짧은 주문과 함께 우수에 찬 표정을 짓는 중년. 영화에서나 보던 장면 같지만, 중년들의 핫한 놀이터이자 작은 위로를 주는 오아시스 같은 곳이 된 지 오래란다.

여기에서 묘미는 바텐더의 능력과 둘의 관계다. 단지 술을 내주는 사람으로의 존재가 아니라 술에 대한 역사와 숨겨진 이야기부터 세상 돌아가는 이야기와 가끔은 내밀한 속내까지, 좋은 대화 상대로서의 파트너가 되어주어야 한다는 것이다.

자신의 비밀 아지트를 기꺼이 소개해준 선배도 바를 찾는 이유로 장인 정신을 갖춘 바텐더들의 높은 수준을 가장 먼저 꼽았다. 나를 알아주고, 대화가 되면서도 부담을 주지 않는 친구 같은 관계는 덤이다. 위로와 안식이자 하나의 좋은 경험을 남기게 되는 바는 단지 술을 파는 곳이 아니라는 이야기다.

선배는 유명한 미인 정치인(미인임을 강조했다)이 프라이빗한 바를 소개해줘서 가본 적이 있다며, 또 다른 '블라인드 피그, 시가 바'에 대해 털어놓았다. 은밀한 장소가 궁금해진 모임 사람들은 그날 바로 선배가 소개한 바를 찾아갔다. 싱글 몰트와 시가 향기, 여유에 취해본 베스트 송년회. 그야말로 반전의 공간이었다.

바는 아니었지만 시끌벅적한 포장마차에서 혼자의 시간을 가져보았던 그 경험 이후 자신들만의 고독한 시간을 보내는, 한 잔의 위스키에서 위로받는 '중년의 마음'을 이해하게 되었다면 과장일까? 말하지 않아도 마음을 알아주는 단골 바 하나쯤 있어도 괜찮을 것 같다. 언제든 찾아갈 수 있는 곳이 있다는 것은 중년의 삶에 작은 위로가 되어줄 테니 말이다.

좋은 사회는 좋은 리더로부터

3년 동안 준비해온 『리더라는 브랜드』에 드디어 마침표를 찍었다. 그동안 2016년 미국 대선, 2017년 우리나라 대선, 2018년 남북미정상회담 같은 세계적 축제의 정치 현장을 PI 전문가 관점에서 치열하게 주시하며 분석해왔다. 끌어가는 주인공은 당연히 최고의 리더들이었고, 성공 여부는 '리더라는 브랜드'에 따라 달라지는 것을 확인할 수 있는 자리였다.

『논어』나 『공자가어孔子家語』에 따르면, 공자도 이미지를 관리하는 데 신경 썼다고 한다. 때와 장소에 어울리는 옷을 입었고, 격식에 맞지 않으면 그 장소에 가지 않았으며, 품위 유지를 위해 의상과 걸음걸이에 신경을 꽤 썼다고 한다. 리더의 브랜드 관리 첫 단계인 외적 이미지를 T.P.O Time, Place, Occasion에 적절한 드레스 코드와 몸짓에 유의하며 실천한 것이다.

이러한 공자의 자기 관리 행동은 마땅히 성인으로서 지켜야 할 예禮다. 이를 가식적이라고 평가하는 사람은 없지 않을까 싶다. 만약 공자가 살아 있다면 자기 브랜드 관리를 아주 중요하게 생각하는 리더이지 않았을까? 자신의 명성(평판)을 민감하게 관리하는 스타일로 철저히 자신의 정체성을 밑바탕으로 한 이미지를 찾아서 관리하고 실행하는 브랜드가 되었으리라. 일반적으로 리더에게 필요한 역량은 리더십을 비롯해 성과, 위기, 평판 관리 외에 수도 없이 많지만 주요 리더들은 그들만의 정보력을 바탕으로 전문가를 찾고, 명성을 관리하며, 장기적인 작전을 짜면서 스스로를 브랜드로 만들어가기 때문이다.

10년 이상 주창해온 'PI'와 접목한 리더십에 대한 연구는 예측한 대로 좋은 결과와 성과를 냈다. 다만, 아직까지는 대중적이지 않다는 것이 사실이다. 그렇기에 힘든 출판 상황에서 일반인에게 생소한 분야라는 위험을 감수하고 흔쾌히 나를 믿고 『리더라는 브랜드』를 세상에 선뵐 수 있도록 도와준 21세기북스에 진심으로 감사하다. 특히 기획부터 마무리까지 저자를 응원하며 지치지 않도록 먼 길을 함께 걸어와 준 원미선 본부장, 이승희 팀장에게 이 자리를 빌려 고마운 마음을 전하고 싶다.

더불어 이 글의 긍정 사례가 되어준 주변의 훌륭한 리더들이 더 오랜 세월 살아남아 평생 기억되는 브랜드가 되기를 바란다. 개인적으로 그들의 존재 자체에 감사하다.

마지막 큰 바람이 있다면 리더라는 브랜드가 되고자 하는 이들에게 구체적인 도움이 되고, 리더 자리에 있는 그들의 리더살이에 대한 공감과 위로의 마음을 전달하고자 시작한 이 글의 진정성이 독자들에게 읽히기를 바란다. 나의 가장 큰 행복이자 버팀목인 가족에게도 공감을 주는 역작이기를 소망한다.

KI신서 7902

리더라는 브랜드

1판 1쇄 인쇄 2018년 11월 23일
1판 1쇄 발행 2018년 11월 30일

지은이 허은아
펴낸이 김영곤
펴낸곳 (주)북이십일 21세기북스

문학사업본부 본부장 원미선
책임편집 이승희
문학기획팀 김지영 이지혜 인수
문학마케팅팀 정유선 임동렬 조윤선 배한진
문학영업팀 권장규 오서영
홍보팀장 이혜연 **제작팀장** 이영민

출판등록 2000년 5월 6일 제406-2003-061호
주소 (10881) 경기도 파주시 회동길 201(문발동)
대표전화 031-955-2100 **팩스** 031-955-2151 **이메일** book21@book21.co.kr

ⓒ 허은아, 2018
ISBN 978-89-509-7849-5 03320

(주)북이십일 경계를 허무는 콘텐츠 리더

21세기북스 채널에서 도서 정보와 다양한 영상자료, 이벤트를 만나세요!
페이스북 facebook.com/21cbooks **포스트** post.naver.com/book_21
인스타그램 instagram.com/book_twentyone **홈페이지** www.book21.com

서울대 가지 않아도 들을 수 있는 명강의! 〈서가명강〉
네이버 오디오클립, 팟빵, 팟캐스트에서 '서가명강'을 검색해보세요!